新时代乡村振兴百问百答丛书　何丞/主编

增收减负
百问百答

张贵友　李健美/编著

SPM
南方出版传媒
广东人民出版社
·广州·

图书在版编目（CIP）数据

农民增收减负百问百答/张贵友，李健美编著. —广州：广东人民出版社，2019.9

（新时代乡村振兴百问百答丛书）

ISBN 978-7-218-13693-6

Ⅰ. ①农… Ⅱ. ①张… ②李… Ⅲ. ①农民收入—收入增长—中国—问题解答 Ⅳ. ①F323.8-44

中国版本图书馆 CIP 数据核字（2019）第 136865 号

NONGMIN ZENGSHOU JIANFU BAIWENBAIDA

农民增收减负百问百答

张贵友 李健美 编著　　　　　　　　版权所有　翻印必究

出 版 人：肖风华

责任编辑：卢雪华　李尔王
封面设计：末末美书
插画绘图：詹颖钰
责任技编：周　杰　吴彦斌　周星奎

出版发行：广东人民出版社
地　　址：广州市海珠区新港西路 204 号 2 号楼（邮政编码：510300）
电　　话：（020）85716809（总编室）
传　　真：（020）85716872
网　　址：http://www.gdpph.com
印　　刷：佛山市浩文彩色印刷有限公司
开　　本：889mm×1194mm　1/32
印　　张：7.375　字　数：173 千
版　　次：2019 年 9 月第 1 版　2019 年 9 月第 1 次印刷
定　　价：32.00 元

如发现印装质量问题，影响阅读，请与出版社（020-85716808）联系调换。
售书热线：020-85716826

《新时代乡村振兴百问百答丛书》

总　序

党的十九大提出实施乡村振兴战略，是以习近平同志为核心的党中央着眼党和国家事业全局，深刻把握现代化建设规律和城乡关系变化特征，顺应亿万农民对美好生活的向往，对"三农"工作作出的重大决策部署，是新时代做好"三农"工作的总抓手。习近平总书记十分关心乡村振兴工作，多次对乡村振兴工作作出部署或者具体指示。比如，2017年12月习近平总书记主持召开中央农村工作会议，对走中国特色社会主义乡村振兴道路作出全面部署；2018年7月，习近平总书记对实施乡村振兴战略作出重要指示，强调各地区各部门要充分认识实施乡村振兴战略的重大意义，把实施乡村振兴战略摆在优先位置，坚持五级书记抓乡村振兴，让乡村振兴成为全党全社会的共同行动；2018年9月，习近平总书记在十九届中共中央政治局第八次集体学习会上，深刻阐述了实施乡村振兴战略的重大意义、总目标、总方针、总要求，强调实施乡村振兴战略要按规律办事，要注意处理好长期目标和短期目标的关系、顶层设计和基层探索的关系、充分发挥市场决定性作用和更好发挥政府作用的关系、增强群众获得感和适应发展阶段的关系；2018年12月，在中央农村工作会议上，习近平总书记对做好"三农"工作作出重要指示，要求深入实施乡村振兴战略，对标全面建成小康社会必须完成的"硬任务"，适应国内外环境变化对我国农村改革发展提出的新要求，统一思想、坚定信心、落实工作，巩固发展农业农村好形势。中共中央国务院也先后出台了《关于实施乡村振兴战略的意见》和《乡村振兴战略规划（2018—2022年）》，对乡村振兴工作作了安排部署。

面对新时代新形势新任务新要求，我们深深感到，习近平总书记关于做好"三农"工作的重要论述，是实施乡村振兴战略、做好新时代"三农"工作的理论指引和行动指南。可以说，我们在乡村振兴工作实践中遇到的一切问题，都可以从习近平总书记的论述中找到答案，那是我们推进乡村振兴工作实践的教科书。另一方面，广大农民和农村基层党员干部、"三农"工作者迫切需要把思想和行动统一到党中央关于"三农"工作的一系列决策部署上来，准确把握习近平总书记重要讲话和批示指示的丰富内涵和精神实质，坚持用习近平总书记关于做好"三农"工作的重要论述武装头脑、指导实践、推动工作。

鉴于此，我们策划了这套《新时代乡村振兴百问百答丛书》。丛书准确把握习近平总书记关于实施乡村振兴的重要讲话精神，按照乡村振兴"产业兴旺、生态宜居、乡风文明、治理有效、生活富裕"的总要求，从农村基层党建、产业乡村、美丽乡村、幸福乡村、平安乡村、文明乡村、健康乡村、富裕乡村、安全乡村等九个方面为切入点，帮助与引导相结合，既宣讲中央精神，引导广大农民充分发挥在乡村振兴中的主体作用，也阐述了农民和农村基层党员干部、"三农"工作者急迫需要知晓的乡村振兴政策法规知识和科学常识，在乡村振兴路上为农民释疑解惑。

丛书的几位编者或出身农民，或从事农村基层工作，又或从事"三农"的科研教学。编者们既能学懂弄通习近平总书记和中央关于"三农"工作的精神和政策法规，也懂农民，懂"三农"工作者，所以丛书有如下几个特点：

一是农民需要。结合新时代乡村振兴的特点，紧跟农民紧迫需要，普及知识政策与教育引导相结合。讲鼓励、扶持政策，也讲限制、禁止的法律法规。

二是方便实用。丛书采取一问一答的形式，立足于农民和农村基层党员干部、"三农"工作者的实际需求，方便随时查阅。每个主题又独立成册，有独立的逻辑框架，政策性、知识性和实用性、指导性相结合。

三是农民看得懂。通俗易懂，尊重农民和农村基层干部阅读习惯，提问精准，符合农民和农村基层干部实际需要，答问文字晓畅清晰、科学准确。

四是生动有趣。丛书面向全国读者，没有地域局限性，有典型案例或者视频介绍，帮助读者理解。

当然，鉴于时间和编者水平有限等因素，丛书难免有所错漏，欢迎广大读者批评指正。

丛书主编 何劲
2019 年 8 月

目 录
CONTENTS

第一章 乡村振兴,生活富裕是根本

1. 为什么说乡村振兴,生活富裕是根本? / 003
2. 关于农民生活富裕的总体要求和目标是什么? / 003
3. 农民增收获得新成效要从哪些方面入手? / 005
4. 如何促进农村劳动力转移就业和农民增收? / 007
5. 应怎样完善农业支持保护制度? / 008
6. 如何聚力精准施策,决战决胜脱贫攻坚? / 009

第二章 提高农民家庭经营收入

7. 什么是家庭经营收入? / 015

8. 中国种植业结构有哪些调整? / 016
9. 什么是农产品收购价格? 农产品收购价格对农民利益有什么影响? / 017
10. 粮食收购保护价的标准有哪些? / 018
11. 购买农作物种子时应当主要了解哪些内容? / 019
12. 中国良种推广的主要方式有哪些? / 021
13. 支持养殖小区建设的措施有哪些? / 022
14. 为什么要实施奶牛良种繁育项目补贴? / 023
15. 国家对生猪屠宰厂(场)有哪些要求? / 024
16. 农业标准体系有哪些? / 024
17. 为什么要发展精准农业? / 027
18. 国家出台了哪些支持数字农业的政策? / 028
19. 加强农业科研和技术推广有哪些重要举措? / 030
20. 农业科技培训的重点是什么? / 031
21. 政府在农业保险方面有哪些补贴政策? / 032
22. 政府推进"一村一品"工程建设有哪些内容? / 033
23. 农民可否自行出售农产品? / 035
24. 国家推动优势农产品出口的政策有哪些? / 036
25. 农业支持保护体系有哪些内容? / 037
26. 国家出台了哪些政策来保障农民的土地权益? / 040
27. 土地经营权入股有哪些内容? / 044
28. 产业化联合体发展内容有哪些? / 045
29. 支持农民专业合作组织发展有哪些政策? / 046

30. 为什么要加强农村电子商务的建设？ /048
31. 农村电子商务对农村、农民的影响有哪些？ /049
32. 为什么要促进农产品冷链物流的发展？ /050
33. 为什么要大力开发农村生物能源？ /051
34. 生物质产业发展对农业生产有哪些影响？ /051
35. 以工促农、以城带乡的长效机制有哪些内容？ /052

第三章 提高农民工资性收入

36. 什么是工资性收入？ /057
37. 为什么要支持农产品加工业发展？ /057
38. 政府怎样保障进城就业农民的合法权益？ /058
39. 农民工应当如何应对"就业难"的问题？ /059
40. 针对农民工求职招聘的"春风行动"主要内容有哪些？ /059
41. 国家对于劳动者的最低工资标准有哪些规定？ /060
42. 国家采取哪些措施防止农民工工资被拖欠？ /062
43. 农民工工资被拖欠应如何应对？ /064
44. 什么是职业技能培训？ /065
45. 农村劳动力职业技能培训有哪些要求？ /065
46. 政府促进农民工转业转岗培训的措施有哪些？ /066
47. 什么是农业创业？ /067

48. 政府促进农村劳动力就业、创业的具体措施有哪些？
　　　　／067
49. 关于农民返乡创业贷款的政策有哪些？　／069
50. 申请返乡创业贷款有哪些流程？　／070
51. 农业创业者掌握新技术的途径有哪些？　／071
52. 创业要了解哪些法律法规？　／072
53. 创业者获取建议的途径有哪些？　／073
54. 农业创业的路径有哪些？　／074
55. 创业团队中应当具备哪些人员？　／077
56. 怎样进行创业资金预算？　／078
57. 创业资金筹集有哪些渠道？　／080
58. 农业创业前需要做哪些准备？　／081
59. 创办农业企业要走哪些程序？　／082
60. 农业企业面临的风险有哪些？　／084
61. 导致农业企业创业失败的因素有哪些？　／086
62. 规避农业创业风险的对策有哪些？　／088
63. 怎样降低农业创业的生产经营成本？　／090

第四章　提高农民财产性收入

64. 什么是农民财产性收入？　／095
65. 什么是宅基地？　／096

66. 农民怎样加快宅基地流转以提高财产性收入？ / 096

67. 土地征收的概念是什么？ / 099

68. 农村土地征收程序及注意事项有哪些？ / 100

69. 农村土地征收补偿新标准有哪些？ / 103

70. 农村集体土地被征收时被征收人可以行使哪些权利？ / 106

71. 农民在土地征收过程中怎么维护自己的土地权益？ / 107

72. 对外出务工农民的土地承包权和经营自主权的规定有哪些？ / 109

73. 土地流转的概念是什么？ / 110

74. 农村土地流转的主要形式是什么？ / 110

75. 农民在土地流转过程中应注意哪些问题？ / 111

76. 如何提高土地流转收入？ / 113

77. 农民该如何购买金融理财产品？ / 115

78. 农民购买金融产品提高财产性收入有哪些方式？ / 115

79. 农民在理财时需警惕骗子公司的手段有哪些？ / 117

80. 有哪些渠道和方式可以提高农民财产性收入？ / 118

第五章 提高农民转移性收入

81. 什么是转移性收入？ / 123

82. 什么是农业专项资金？/ 124

83. 什么是农产品价格保护制度？/ 125

84. 中国有哪些农业补贴政策？/ 126

85. 国家对农业大县的奖励政策有哪些？/ 130

86. 完善动物防疫补贴的政策有哪些？/ 131

87. 什么是农业保险政策？/ 133

88. 政策性保险和商业性农业保险的区别有哪些？/ 133

89. 政府在农业保险方面有哪些补贴政策？/ 134

90. 农业保险参保标准以及获得赔偿金额是怎样的？/ 135

91. 如何购买农业保险？农业保险怎样定损理赔？/ 138

92. 国家如何补贴保费？有什么需要注意的问题？/ 139

93. 什么是农业生态环境补偿制度？/ 141

94. 村级公益事业"一事一议"财政奖补政策的内容有哪些？/ 142

95. 为什么要加快发展农村公共事业？/ 143

96. 国家对投资农业和农村基础设施建设有哪些政策措施？/ 145

97. 什么是新型农村养老保险制度？参保范围都有哪些？/ 146

98. 新型农村养老保险有哪些规定？/ 147

99. 新型农村合作医疗制度的主要内容有哪些？/ 148

100. 国家对贫困农户有哪些帮扶政策？/ 149

101. 什么是农村最低生活保障制度？/ 150

102. 国家向农村转移资源的方式有哪些？ / 151

103. 政府是怎样进行财政转移支付的？ / 152

第六章 提高农村贫困人口收入

104. 什么是贫困人口？ / 155

105. 政府推动产业扶贫有哪些措施？ / 155

106. 贫困户如何利用旅游扶贫措施提高收入？ / 157

107. 贫困户如何利用光伏扶贫措施提高收入？ / 159

108. 政府有哪些健康扶贫措施能降低贫困户生活成本？ / 161

109. 贫困户如何利用金融扶贫？ / 163

110. 政府推广金融扶贫有哪些措施？ / 164

111. 政府是如何推动教育扶贫进程的？ / 166

112. 政府推进教育扶贫攻坚有哪些政策？ / 167

113. 思想扶贫、舆论扶贫、精神扶贫、文化扶贫四大行动，贫困户如何配合宣传思想文化工作？ / 169

114. 政府推进生态扶贫有哪些措施？ / 172

115. 政府加强扶贫工作进度有哪些措施？ / 173

116. 政府完善扶贫搬迁工作有哪些措施？ / 174

117. 政府推进危房改造工作有哪些措施？ / 176

118. 贫困户如何提高创业技能？ / 178

119. 贫困户如何利用农业院校资源提高收入？ / 182

120. 贫困户如何利用科技提高收入？ / 184

121. 政府如何利用大数据完善精准扶贫机制，提高贫困户收入？ / 186

122. "三大行动"如何助力贫困户？ / 189

第七章　减轻农民负担

123. 农民负担的概念是什么？ / 193

124. 什么是农民的合理负担？ / 194

125. 什么是农民的不合理负担？ / 194

126. 当前农民负担主要有哪些？ / 195

127. 什么是价格？为什么价格与农民负担有关？ / 197

128. 什么是政府指导价？ / 197

129. 什么是市场调节价？ / 198

130. 什么是收费？它有哪些种类？ / 199

131. 什么是行政性收费？它有哪些种类？ / 199

132. 什么是事业性收费？它有哪些种类？ / 200

133. 什么是教育收费？ / 200

134. 幼儿园收费的基本原则是什么？ / 201

135. 义务教育阶段（小学、初中）可以不用交学费吗？ / 203

136. 国家对禁止乱收费、乱涨价和乱罚款有哪些规定？
　　　　　　／204

137. 碰到乱收费怎么办？　／205

138. 乱收费行为有哪些表现？　／205

139. 对有关单位作出的罚款决定不服怎么办？　／207

140. 对行政处罚不服是否要经过行政复议程序后才能提起诉讼？　／208

141. 什么是村务公开制度？　／208

142. 哪些村务应当公开？　／209

143. 农村集体经济组织和农民专业合作经济组织可以建立农产品批发市场和农产品集贸市场吗？　／210

144. 国家机关工作人员下乡所需经费能不能让农民负担？
　　　　／211

145. 国家在农村设置的机构或配备的人员所需经费能不能让农民承担？　／211

146. 国家实行的农民减负措施有哪些？　／212

147. 国家对农民负担是如何监督管理的？　／213

148. 农民负担监管工作的具体内容是什么？　／215

149. 什么是农民负担监督卡？　／215

150. 农民在自己的合法权益受到侵害时如何保护自身权益？　／216

后记　／218

第一章 乡村振兴，生活富裕是根本

农民增收减负百问百答

1. 为什么说乡村振兴，生活富裕是根本？

2018年6月，习近平总书记在山东考察时指出，农业农村工作，说一千、道一万，增加农民收入是关键。要加快构建促进农民持续较快增收的长效政策机制，让广大农民都尽快富裕起来。《中共中央 国务院关于实施乡村振兴战略的意见》指出，乡村振兴，生活富裕是根本。要坚持人人尽责、人人享有，按照抓重点、补短板、强弱项的要求，围绕农民群众最关心最直接最现实的利益问题，一件事情接着一件事情办，一年接着一年干，把乡村建设成为幸福美丽新家园。

2. 关于农民生活富裕的总体要求和目标是什么？

《中共中央 国务院关于实施乡村振兴战略的意见》指出，要坚持把解决好"三农"（农村、农业、农民）问题作为全党工作重中之重，坚持农业农村优先发展，按照产业兴旺、生态宜居、乡风文明、治理有效、生活富裕的总要求，建立健全城乡融合发展体制机制和政策体系，统筹推进农村经济建设、政治建设、文化建设、社会建设、生态文明建设和党的建设，加快推进乡村治理体系和治理能力现代化，加快推进农业农村现代化，走中国特色社会主义乡村振兴道路，让农业成为有奔头的产业，让农民成为有吸引力的职业，让农村成为安居乐业的美丽家园。

按照党的十九大提出的决胜全面建成小康社会，并分两个阶段实现第二个百年奋斗目标的战略安排，实施乡村振兴战略的目标任务是：

（1）到 2020 年，乡村振兴取得重要进展，制度框架和政策体系基本形成。农业综合生产能力稳步提升，农业供给体系质量明显提高，农村一二三产业融合发展水平进一步提升；农民增收渠道进一步拓宽，城乡居民生活水平差距持续缩小；现行标准下农村贫困人口实现脱贫，贫困县全部摘帽，解决区域性整体贫困；农村基础设施建设深入推进，农村人居环境明显改善，美丽宜居乡村建设扎实推进；城乡基本公共服务均等化水平进一步提高，城乡融合发展体制机制初步建立；农村对人才吸引力逐步增强；农村生态环境明显好转，农业生态服务能力进一步提高；以党组织为核心的农村基层组织建设进一步加强，乡村治理体系进一步完善；党的农村工作领导体制机制进一步健全；各地区各部门推进乡村振兴的思路举措得以确立。

（2）到 2035 年，乡村振兴取得决定性进展，农业农村现代化基本实现。农业结构得到根本性改善，农民就业质量显著提高，相对贫困进一步缓解，共同富裕迈出坚实步伐；城乡基本公共服务均等化基本实现，城乡融合发展体制机制更加完善；

乡风文明达到新高度，乡村治理体系更加完善；农村生态环境根本好转，美丽宜居乡村基本实现。

（3）到2050年，乡村全面振兴，农业强、农村美、农民富全面实现。

3. 农民增收获得新成效要从哪些方面入手？

小康不小康，关键看老乡；老乡富不富，关键看收入。习近平总书记明确要求，农民增收要获得新成效。习近平总书记的要求抓住了"三农"工作的根本，号准了农村改革的脉门，顺应了亿万农民的愿望。这一要求也再次昭示全社会，农民增收既是千家万户的"小钱袋"，更是国计民生的大体现、发展水平的硬指标。当前，要在促增收上拿出新举措、获得新成效。要稳定基本盘，拓宽增收面，提升增收点，以点带面，推陈出新。

（1）在增收上获得新成效，要向现代农业要效益。农民增收，基础还要靠农业。要立足提质增效，着力做强第一产业，运用科技手段，大力发展现代高效农业，培育壮大优势特色产业，加大品牌培育力度，尝鲜"高端高档"，让优质安全农产品鼓足农民"钱袋子"；要立足规模增效，积极推动农业适度规模经营，大力培育新型经营主体，提高劳动生产率和土地产出率，提升农产品市场竞争力，让农民获得规模效益收入；要立足稳价增效,完善农产品价格形成机制,注重发挥市场形成价格作用,探索建立主要农产品目标价格制度,完善粮食最低收购价和临时收储政策,保持农产品价格合理水平,让农民从事农业生产能够获得合理收益。

(2)在增收上获得新成效,要向务工新业态要活力。随着社会发展,新业态、新工种蓬勃兴起。在城市中,一波又一波的"电商盛宴"催生了世界规模第二的"快递小哥",人口老龄化和城市发展使得护工、育儿、居家养老等家政服务业格外紧俏,电子产品频频更新换代让代工工厂轮番"招兵买马";在乡村里,现代农业的衍生经济十分活跃,沼气工、土地承包仲裁员、休闲农业导览员、农业职业经理人、农村信息员等职业应运而生,农村电子商务交易也让更多农民从"网店村"等特色致富经中找到增收门路。促进农民增收就要在稳定既有务工就业格局的同时,引导农民进入务工新领域,使农民在建设"城市美""乡村美"中扩就业、增收入。

(3)在增收上获得新成效,要向"接二连三"要收益。要抓住一二三产业融合的契机,充分挖掘生产、加工、流通等环节的增收潜力,着力构建生产、生活、生态互促共荣局面。要用工业化理念改造农业,积极发展农产品精深加工,拉长产业链条,打造供应链条,形成全产业链条,让农民从加工和流通环节中多多受益;要用服务业思维拓展农业功能,变生产资源为景观资源,充分发挥农业的生态功能、文化功能,大力发展创意农业、休闲农业、乡村旅游,让农民尽享农业多功能带来的收益。

(4)在增收上获得新成效,要向农村改革要红利。"三农"

发展中的诸多难题,依靠改革才能破解;农民增收的热切期盼,依靠改革才能实现。要抓住农村产权制度改革的契机,向农村耕地、宅基地和建设用地这"三块地"要红利。通过赋权颁证,盘活农村土地、房屋、林权等"沉睡"资源,使其变为显性、恒久资产,真正释放财产增值潜力;通过"三权分置",搞活土地经营权,实现"稳制活田",增加农民土地流转收益;通过股份合作,发展壮大集体经济,使农民尽享集体资产股份分红收益;通过征地改革,让土地真正实现"同地、同权、同价",使农民更多分享土地增值收益。

农民增收是一个系统工程,不能孤立考虑,要跳出"农"字做文章,综合统筹抓促进。要坚持农村改革和城市改革一并设计、一体推动,促进城乡要素平等交换和公共资源均衡配置,促进新型城镇化、新型工业化和新农村建设的良性互动。与此同时,要推进户籍制度改革,切实维护农民合法权益,为农民持续增收创造良好的体制机制环境。

4. 如何促进农村劳动力转移就业和农民增收?

《中共中央 国务院关于实施乡村振兴战略的意见》指出,要健全覆盖城乡的公共就业服务体系,大规模开展职业技能培训,促进农民工多渠道转移就业,提高就业质量。深化户籍制度改革,促进有条件、有意愿、在城镇有稳定就业和住所的农业转移人口在城镇有序落户,依法平等享受城镇公共服务。加强扶持引导服务,实施乡村就业创业促进行动,大力发展文化、科技、旅游、生态等乡村特色产业,振兴传统工艺。培育一批家庭工场、手工作坊、乡村车间,鼓励在乡村地区兴办环境友好型企业,实现乡村经济多元化,提供更多就业岗位。拓宽农民增收渠道,鼓励农民勤劳守法致富,增加农村低收入者收入,扩大农村中等收入群体,保持农村居民收入增速快于城镇居民。

5. 应怎样完善农业支持保护制度?

中共中央、国务院印发《乡村振兴战略规划(2018—2022年)》指出,要以提升农业质量效益和竞争力为目标,强化绿色生态导向,创新完善政策工具和手段,加快建立新型农业支持保护政策体系。

(1)加大支农投入力度。建立健全国家农业投入增长机制,政府固定资产投资继续向农业倾斜,优化投入结构,实施一批打基础、管长远、影响全局的重大工程,加快改变农业基础设施薄弱状况。建立以绿色生态为导向的农业补贴制度,提高农业补贴政策的指向性和精准性。落实和完善对农民直接补贴制度。完善粮食主产区利益补偿机制。继续支持粮改饲、粮豆轮作和畜禽水产标准化健康养殖,改革完善渔业油价补贴政策。完善农机购置补贴政策,鼓励对绿色农业发展机具、高性能机具以及保证粮食等主要农产品生产机具实行敞开补贴。

（2）深化重要农产品收储制度改革。深化玉米收储制度改革，完善市场化收购加补贴机制。合理制定大豆补贴政策。完善稻谷、小麦最低收购价政策，增强政策灵活性和弹性，合理调整最低收购价水平，加快建立健全支持保护政策。深化国有粮食企业改革，培育壮大骨干粮食企业，引导多元市场主体入市收购，防止出现卖粮难。深化棉花目标价格改革，研究完善食糖（糖料）、油料支持政策，促进价格合理形成，激发企业活力，提高国内产业竞争力。

（3）提高农业风险保障能力。完善农业保险政策体系，设计多层次、可选择、不同保障水平的保险产品。积极开发适应新型农业经营主体需求的保险品种，探索开展水稻、小麦、玉米三大主粮作物完全成本保险和收入保险试点，鼓励开展天气指数保险、价格指数保险、贷款保证保险等试点。健全农业保险大灾风险分散机制。发展农产品期权期货市场，扩大"保险+期货"试点，探索"订单农业+保险+期货（权）"试点。健全国门生物安全查验机制，推进口岸动植物检疫规范化建设。强化边境管理，打击农产品走私。完善农业风险管理和预警体系。

6. 如何聚力精准施策，决战决胜脱贫攻坚？

《中共中央　国务院关于坚持农业农村优先发展做好"三

农"工作的若干意见》指出，今明（2019年、2020年）两年是全面建成小康社会的决胜期，"三农"领域有不少必须完成的硬任务。第一项硬任务就是聚力精准施策，决战决胜脱贫攻坚。

（1）不折不扣完成脱贫攻坚任务。咬定既定脱贫目标，落实已有政策部署，到2020年确保现行标准下农村贫困人口实现脱贫、贫困县全部摘帽、解决区域性整体贫困。坚持现行扶贫标准，全面排查解决影响"两不愁三保障"（不愁吃、不愁穿，义务教育、基本医疗、住房安全有保障）实现的突出问题，防止盲目拔高标准、吊高胃口，杜绝数字脱贫、虚假脱贫。加强脱贫监测。进一步压实脱贫攻坚责任，落实最严格的考核评估，精准问责问效。继续加强东西部扶贫协作和中央单位定点扶贫。深入推进抓党建促脱贫攻坚。组织开展常态化约谈，发现问题随时约谈。用好脱贫攻坚专项巡视成果，推动落实脱贫攻坚政治责任。

（2）主攻深度贫困地区。瞄准制约深度贫困地区精准脱贫的重点难点问题，列出清单，逐项明确责任，对账销号。重大工程建设项目继续向深度贫困地区倾斜，特色产业扶贫、易地扶贫搬迁、生态扶贫、金融扶贫、社会帮扶、干部人才等政策措施向深度贫困地区倾斜。各级财政优先加大"三区三州"[①]脱贫攻坚资金投入。对"三区三州"外贫困人口多、贫困发生率高、脱贫难度大的深度贫困地区，也要统筹资金项目，加大

[①] "三区"是指西藏、新疆南疆四地州和四省藏区；"三州"是指甘肃的临夏州、四川的凉山州和云南的怒江州。"三区三州"是国家层面的深度贫困地区。

扶持力度。

（3）着力解决突出问题。注重发展长效扶贫产业，着力解决产销脱节、风险保障不足等问题，提高贫困人口参与度和直接受益水平。强化易地扶贫搬迁后续措施，着力解决重搬迁、轻后续帮扶问题，确保搬迁一户就稳定脱贫一户。加强贫困地区义务教育控辍保学，避免因贫失学辍学。落实基本医疗保险、大病保险、医疗救助等多重保障措施，筑牢乡村卫生服务网底，保障贫困人口基本医疗需求。扎实推进生态扶贫，促进扶贫开发与生态保护相协调。坚持扶贫与扶志、扶智相结合，加强贫困地区职业教育和技能培训，加强开发式扶贫与保障性扶贫统筹衔接，着力解决"一兜了之"和部分贫困人口"等靠要"问题，增强贫困群众内生动力和自我发展能力。切实加强一线精准帮扶力量，选优配强驻村工作队伍。关心关爱扶贫干部，加大工作支持力度，帮助解决实际困难，解除后顾之忧。持续开展扶贫领域腐败和作风问题专项治理，严厉查处虚报冒领、贪占挪用和优亲厚友、"吃拿卡要"等问题。

（4）巩固和扩大脱贫攻坚成果。攻坚期内贫困县、贫困村、贫困人口退出后，相关扶贫政策保持稳定，减少和防止贫困人口返贫。研究解决收入水平略高于建档立卡贫困户的群众缺乏政策支持等新问题。坚持和推广脱贫攻坚中的好经验、好做法、好路子。做好脱贫攻坚与乡村振兴的衔接，对摘帽后的贫困县要通过实施乡村振兴战略巩固发展成果，接续推动经济社会发展和群众生活改善。总结脱贫攻坚的实践创造和伟大精神，及早谋划脱贫攻坚目标任务2020年完成后的战略思路。

第二章 提高农民家庭经营收入

农民增收减负百问百答

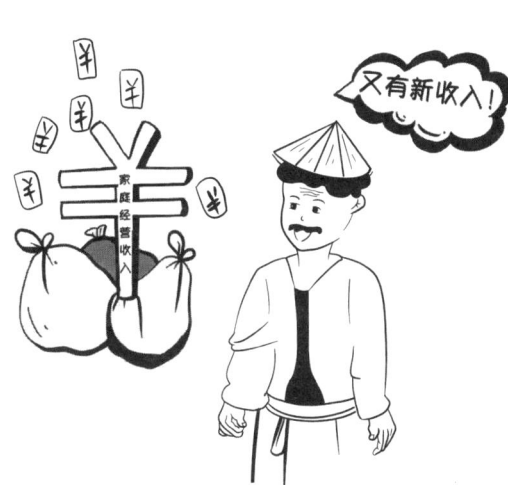

7. 什么是家庭经营收入?

居民家庭纯收入是农村常住居民家庭总收入中,扣除从事生产和非生产经营费用支出、交纳税款、上交承包集体任务金额、生产性固定资产折旧以后剩余的、可直接用于进行农村居民进行生产性、非生产性建设投资、生活消费和积蓄的那一部分收入。

它是反映农村居民家庭实际收入水平的综合性主要指标。农村居民家庭纯收入的计算公式是:农民人均纯收入=(农村经济总收入-总费用-国家税金-上交有关部门的利润-企业各项基金-村提留-乡统筹)÷汇总人口。这个计算公式中的农村经济总收入,是指农民从当年各项生产经营项目中取得的生产经营收入及利息、租金等。但是不包括那些不能用来分配,属于借贷性质或暂收性质的收入,如贷款收入、国家投资、预购定金、亲友馈赠等。从经营的行业来看,它包括了农业、林业、牧业、渔业、工业、交通运输业、建筑业、商业服务业等行业的收入。从经营层次看,它包括乡办企业的收入,村集体统一经营的收入,联户企业的收入和农户家庭经营的收入四个层次的收入。

8. 中国种植业结构有哪些调整？

《全国种植业结构调整规划（2016—2020年）》明确提出"两保、三稳、两协调"。"两保"，即保口粮、保谷物。到2020年，粮食面积稳定在16.5亿亩（1亩≈666.67平方米，下同）左右，其中稻谷、小麦口粮品种面积稳定在8亿亩，谷物面积稳定在14亿亩。"三稳"，即稳定棉花、食用植物油、食糖自给水平。到2020年，力争棉花面积稳定在5000万亩左右，油料面积稳定在2亿亩左右，糖料面积稳定在2400万亩左右。"两协调"，即蔬菜生产与需求协调发展、饲草生产与畜牧养殖协调发展。到2020年，蔬菜面积稳定在3.2亿亩左右，饲草面积达到9500万亩。

调整任务有以下四点：

（1）构建生产生态协调的区域结构。综合考虑资源承载能力、环境容量、生态类型和发展基础等因素，确定不同区域的发展方向和重点，分类施策、梯次推进，构建科学合理、专业化的生产格局。

（2）构建适应市场需求的品种结构。消费结构升级，需要农业提供数量充足、品质优良的产品。

（3）构建粮经饲协调发展的作物结构。适应农业发展的新趋势，建立粮食作物、经济作物、饲草作物的三元结构。

（4）构建用地养地结合的耕作制度。根据不同区域的资源条件和生态特点，建立耕地轮作制度，促进可持续发展。

9. 什么是农产品收购价格？农产品收购价格对农民利益有什么影响？

农产品收购价格是指商业经营者向农业生产者收购农产品的价格，即农业生产者的产品出售价格。按产品类别分，有农、林、牧、副、渔各业产品的收购价格。其中，林产品收购价格指南方集体林区的收购价格，北方国有林场产品收购价格为重工业品出厂价格。按价格形式分，有国家定价、国家指导价格、市场调节价格。它是农产品进入流通领域第一道环节的价格，是农产品调拨价格、批发价格、供应价格、零售价格的基础。农产品收购价格是农民货币收入的主要来源。合理的农产品收购价格，能使农产品的生产成本得到补偿，并使农民得到合理的收益，以增加积累，扩大生产，改善生活；合理的农产品价格能调动农民的生产积极性，促进农业生产的发展。

从 1985 年起，国家改革了传统的农产品收购制度，取消农产品的统购统派，实行政府定价的合同定购和市场收购。目前主要采取三种形式：

（1）定价收购。政府事先规定各类农产品的价格，作为支持价格。当市场价格高于支持价格时，农场主可按较高价格自由出售，如市场价格低于支持价格，政府按支持价格收购。自20世纪20年代末以来美国对于主要农产品都采取这种形式，具体做法在不同时期有所变动。

（2）津贴。一定的时期内，平均市价低于所支付的价格时，其差额由政府来补贴。英国首先对谷物、肉类、蛋品、马铃薯等直接支付津贴，称为"亏额支付制"。

（3）固定价格。政府对某些农产品规定必须遵循的销售价格，但不直接收购。对进口的某些农产品征收保护关税，控制其在本国市场上的出售价格，以保护国内农业生产者的利益。

10. 粮食收购保护价的标准有哪些？

国家发展和改革委员会等六部门颁发的《小麦和稻谷最低收购价执行预案》明确，小麦预案执行区域为河北、江苏、安徽、山东、河南、湖北六个省，执行时间为当年6月1日至9月30日；早籼稻预案执行区域为安徽、江西、湖北、湖南、广西五省区，执行时间为当年8月1日至9月30日；中晚稻（包括中晚籼稻和粳稻）预案执行区域为江苏、安徽、江西、河南、湖北、湖南、广西、四川八省区，时间为当年10月10日至次年1月31日，辽宁、吉林、黑龙江三个省为当年11月1日至次年2月末。其他省份是否实行最低收购价政策，由省级人民政府自主决定。

2018 年《关于公布 2018 年稻谷最低收购价格的通知》宣布，国家继续在稻谷主产区实行最低收购价政策。经国务院批准，2018 年生产的早籼稻（三等）、中晚籼稻和粳稻最低收购价格分别为 1.20 元/斤（1 斤 = 500 克，下同）、1.26 元/斤和 1.30 元/斤。同期，小麦（三等）最低收购价为 1.15 元/斤。

11. 购买农作物种子时应当主要了解哪些内容？

农民由于不了解国家的有关规定，经常会购买到假冒伪劣种子，带来生产上的严重损失。国家为了保护农民的合法利益，净化种子市场，在《中华人民共和国种子管理条例》和《中华人民共和国种子管理条例农作物种子实施细则》中对种子的经营作出了明确、具体的规定。对农民来说，在购买农作物种子时可以从以下几个方面了解：

（1）要看种子的销售者是否有经营农作物种子的资格。凡是合法的种子经营者，都必须持有农业行政主管部门核发的农作物种子经营许可证和工商行政管理部门核发的营业执照。营业执照是开展经营活动的基本条件，在营业执照上，要看工商行政管理部门核准的经营范围是不是包括农作物种子在内。农作物种子经营许可证是农业部门核发的准许其经营农作物种子的资格证明。一般来说，持有农作物种子经营许可证，说明经营者具备了鉴别种子、贮藏种子和销售种子的技术和其他条件。

（2）要看种子质量是否合格。农民在购买种子时可以凭自己的经验判断种子的质量，更主要的是要看经营种子的单位是否有种子质量合格证。种子质量合格证是农业部门核发给由专门的种子检验人员根据国家的《农作物种子检验规程》检验合格的种子。经过检验取得种子质量合格证的种子，应当是达到了国家或者地方规定的种子的质量标准。查看种子质量合格证，要看是不是加盖了检验专用章，如果没有该专用章，说明该种子质量合格证可能是伪造的。

（3）农民在购买农作物种子时还应当了解所购买的种子的技术标准，如种子纯度、发芽率、净度、水分等。任何一种种子都有一定的适宜区域，在其他地方表现很好、产量很高的种子，在本地区种植很可能会大面积减产。所以，在购买种子时，还要了解种子本身的适应性，即要看种子对土、肥、水、光照、无霜期等方面的条件要求，确定该种子必须是适宜于本地区种植的。

（4）购买种子时一定不要忘记索要发票，一旦发生种子质量问题需要向销售种子者索赔时，如果没有发票，又没有其他证据，就会在发生纠纷时很被动，可能会使自己的合法权益不能及时得到保护。

12. 中国良种推广的主要方式有哪些？

中国的主要良种推广方式包括普通推广方式、培训与走访相结合推广方式、参与式推广方式、项目推广方式和费用共担推广方式等。普通推广方式是在中国占主导地位的农技推广方式，通过从中央到地方各行政区层层设立的推广机构，自上而下制定推广计划，以示范和宣传作为主要推广方法，以农业增产为主要目标的良种、良法推广方式。培训与走访相结合推广方式是由专家培训技术推广员（农技员），再由技术推广员以深入村组、农户开展服务的形式推广方法，是以提高产量为主要目标的良种良法推广方式。参与式推广方式是组织农民、培育农民专业合作组织负责人，协调推广工作的开展，推广项目和内容根据农民需要，由企业或农民专业合作组织制定，推广人员在其中起促进作用。项目推广方式由政府或资助机构制定项目，通过在特定的时间、地点实施良种良法推广的推广方式。费用共担推广方式主要指地方和中央共同承担项目推广经费，地方参与项目制定的推广方式。

13. 支持养殖小区建设的措施有哪些?

2018年中央一号文件《中共中央 国务院关于实施乡村振兴战略的意见》提出，优化养殖业空间布局，大力发展绿色生态健康养殖，做大做强民族奶业。为此，要增加投入，支持养殖小区建设畜禽粪便和污水无害化处理设施，以养殖小区为载体，推广统一的专用品种、统一的技术规程、统一的质量标准和统一的产品品牌，实现全程控制，把养殖小区建设成为标准化基地和优质安全畜产品的生产基地。

《国务院办公厅关于推进奶业振兴保障乳品质量安全的意见》明确了奶业的战略定位，对优质奶源基地建设、乳制品加工流通、乳品质量安全监管等作出全面部署。在政策保障措施中，明确在养殖环节重点支持良种繁育体系建设、标准化规模养殖、振兴奶业苜蓿发展行动、种养结合、奶牛场疫病净化、养殖废弃物资源化利用和生鲜乳收购运输监管体系建设等，提高养殖竞争力。

支持发展养殖小区，重点做好三个方面：

(1) 吸引农业综合开发、扶贫开发、畜禽良种、动物保护、农业科技示范等专项资金以及社会、个人和外资，投入养殖小区建设。

(2) 逐步完善农户贷款信用担保办法，搞好小额信贷，让农民能够及时获得建设养殖小区特别是建设小区基础设施的资金。

（3）对养殖小区建设畜禽粪便和污水无害化处理设施投资，财政给予适当贴息。

14. 为什么要实施奶牛良种繁育项目补贴？

畜牧业已成为中国农业和农村经济的支柱产业，成为农民增收的重要途径。奶业是畜牧业发展中的重要组成部分。中国奶业发展很快，但与世界奶业发达国家相比，仍有很大差距，主要表现在奶牛品种和饲养管理水平上。为提高中国奶牛的产奶水平，花费比较少又简便可行的办法，就是对奶牛良种繁育给予适当的补贴，在项目区选用具有高产潜力的优质精液，通过人工授精，开展奶牛品种改良。按照2018年中央一号文件《中共中央 国务院关于实施乡村振兴战略的意见》提出优化养殖业空间布局，大力发展绿色生态健康养殖，做大做强民族奶业。

15. 国家对生猪屠宰厂（场）有哪些要求？

根据《中华人民共和国动物防疫法》《重大动物疫情应急条例》《生猪屠宰管理条例》等法律法规及有关规定要求：

（1）生猪屠宰厂（场）应当按照有关规定，严格做好非洲猪瘟排查、检测及疫情报告工作，并主动接受监督检查。

（2）生猪屠宰厂（场）要严格入场查验，发现无有效动物检疫证明的；耳标不齐全或检疫证明与耳标信息不一致的；违规调运生猪的；发现其他违法违规调运行为的，不得收购、屠宰有关生猪。

（3）生猪屠宰厂（场）要按照规定，严格落实生猪待宰、临床巡检、屠宰检验检疫等制度。

（4）生猪屠宰厂（场）应当在驻场官方兽医组织监督下，按照生猪不同来源实施分批屠宰，每批生猪屠宰后，对暂储血液进行抽样并检测猪瘟病毒。

16. 农业标准体系有哪些？

农业标准体系，主要是指围绕农林牧副渔各业，制定的以国家标准为基础,行业标准、地方标准和企业标准相配套的产前、产中、产后全过程系列标准的总和,还包括为农业服务的化工、水利、机械、环保和农村能源等方面的标准。

(1)国家标准,是指对全国经济技术发展有重大意义,必须在全国范围内统一的标准。国家标准由国家质量技术监督局编制计划和组织草拟,并统一审批、编号和发布。

(2)行业标准,是指我国全国性的农业行业范围内的统一标准。《中华人民共和国标准化法》规定,对没有推荐性国家标准、需要在全国某个行业范围内统一的技术要求,可以制定行业标准。农业行业标准由农业部门组织制定。行业标准是对国家标准的补充,行业标准在相应国家标准实施后,自行废止。

(3)地方标准,是指在某个省、自治区、直辖市范围内需要统一的标准。对没有国家标准和行业标准而又需要在省、自治区、直辖市范围内统一的技术和管理要求,可以制定地方标准。地方标准由省、自治区、直辖市政府标准化行政主管部门制定。地方标准不得与国家标准、行业标准相抵触。在相应的国家标准或行业标准实施后,地方标准自行废止。

(4)企业标准,是指企业所制定的产品标准和在企业内需协调、统一的技术要求和管理工作要求所制定的标准。企业标准由企业制定。

国家标准、行业标准、地方标准和企业标准之间的关系如下:对需要在全国范围内统一的技术要求,应当制定国家标准;对没有国家标准而又需要在全国某个行业内统一的技术要求,可以制定行业标准;对没有国家标准和行业标准而又需要在省、自治区、直辖市范围内统一的技术要求,可以制定地方标准;

企业生产的产品没有国家标准和行业标准的,应当制定企业标准。国家鼓励企业制定高于国家标准的企业标准。

农业标准化的主要内容有以下方面:

(1) 农业基础标准,是指在一定范围内作为其他标准的基础并普遍使用的标准。主要是指在农业生产技术中所涉及的名词、术语、符号、定义、计量、包装、运输、贮存、科技档案管理及分析测试标准等。

(2) 种子、种苗标准,主要包括农、林、果、蔬等种子、种苗、种畜、种禽、鱼苗等品种种性和种子质量分级标准、生产技术操作规程、包装、运输、贮存、标志及检验方法等。

(3) 产品标准,是指为保证产品的适用性,对产品必须达到的某些或全部要求制定的标准。主要包括农林牧渔等产品品种、规格、质量分级、试验方法、包装、运输、贮存、农机具标准、农资标准以及农业用分析测试仪器标准等。

(4) 方法标准,是指以试验、检查、分析、抽样、统计、计算、测定、作业等各种方法为对象而制定的标准。包括选育、栽培、饲养等技术操作规程、规范、试验设计、病虫害测报、农药使用、动植物检疫等方法或条例。

(5) 环境保护标准,是指为保护环境和有利于生态平衡,对大气、水质、土壤、噪声等环境质量、污染源检测方法以及其他有关事项制定的标准。例如,水质、水土保持、农药安全使用、绿化等方面的标准。

(6) 卫生标准,是指为了保护人体和其他动物身体健康,对食品饲料及其他方面的卫生要求而制定的农产品卫生标准。主要包括农产品中的农药残留及其他重金属等有害物质残留允许量的标准。

（7）农业工程和工程构件标准，是指围绕农业基本建设中各类工程的勘察、规划、设计、施工、安装、验收，以及农业工程构件等方面需要协调统一的事项所制定的标准。如塑料大棚、种子库、沼气池、牧场、畜禽圈舍、鱼塘、人工气候室等。

（8）管理标准，是指对农业标准领域中需要协调统一的管理事项所制定的标准。如标准分级管理办法、农产品质量监督检验办法及各种审定办法等。

17. 为什么要发展精准农业？

精准农业，是由信息技术支持的，并根据空间变异定位、定时、定量地实施一整套现代化农事操作技术与管理的系统，其基本含义是根据作物生长的土壤性状，调节对作物的投入，即一方面查清田块内部的土壤性状与生产力空间变异，另一方面确定农作物的生产目标，进行定位的"系统诊断、优化配方、技术组装、科学管理"，调动土壤生产力，以最少的或最节省的投入达到同等收入或更高的收入，并改善环境，高效地利用各类农业资源，取得经济效益和环境效益。发展精准农业是实现农业现代化的重要形式，它可以节约资源、转变农业经济增长方式、增加农民收入。精准农业是当今世界农业发展的新潮流。

18. 国家出台了哪些支持数字农业的政策？

数字农业是指将遥感、地理信息系统、全球定位系统、计算机技术、通信和网络技术、自动化技术等高新技术与地理学、农学、生态学、植物生理学、土壤学等基础学科有机地结合起来，实现在农业生产过程中对农作物、土壤从宏观到微观的实时监测，以实现对农作物生长、发育状况、病虫害、水肥状况以及相应的环境进行定期信息获取，生成动态空间信息系统，对农业生产中的现象、过程进行模拟，达到合理利用农业资源，降低生产成本，改善生态环境，提高农作物产品和质量的一种新型农业生产方式。

中共中央、国务院印发《乡村振兴战略规划（2018—2022年）》明确提出，要大力发展数字农业，实施智慧农业工程和"互联网+"现代农业行动，鼓励对农业生产进行数字化改造，加强农业遥感、物联网应用，提高农业精准化水平。发展智慧气象，提升气象为农服务能力。

《农业农村部关于修改部分规章的决定》宣布，申报数字农业试点项目的要求如下：

（1）申报部门：农业农村部。

（2）申报主体：农业产业化龙头企业、农民合作社、家庭农场等具有相当规模和信息化基础的种养企业，申报实施主体不超过三家。

（3）申报项目类别：大田种植、设施园艺、畜禽养殖、水产养殖四类，主要是信息新技术在产前、产中和产后全产业链的管理、生产、经营和服务四大领域的应用，最终实现数据分析、数据决策、数据说话的智慧农业。

（4）扶持资金额度：最高2000万元左右。

（5）申报及储备项目基本条件，按照农业农村部的要求：

①已获得全国现代农业示范区的市（县、区），非全国现代农业示范区的市（县、区）具备条件的也可申报。

②地方政府高度重视数字农业建设，试点选择的产业应为当地农业的主导产业、具有一定的资金配套能力。

③数字农业试点项目的实施单位系种养企业，拥有规模化种植基地或集约化养殖基地，农业信息新技术的应用具有一定基础和具备配套资金的自筹能力。

④参考2017年和2018年的申报要求，其中，大田种植基地规模不低于1万亩，设施园艺基地规模不低于100亩。畜禽养殖基地的生猪养殖场出栏量不低于5万头，奶牛养殖场存栏量不低于1000头，蛋鸡养殖存栏量不低于25万只。水产养殖基地的池塘养殖覆盖面积不低于4000亩，陆基工厂化养殖、深水网箱养殖水体不低于1万立方米。

每个数字农业建设试点项目总投资应在2000万元以上，其中，中央预算内投资不超过2000万元，且不超过项目总投资的50%，建设单位自筹不低于总投资的40%。并提供出资承诺书。

（6）申报及储备准备材料主要包括：项目类别名称、项目建设单位、项目实施单位，项目所在县（区）农业发展基本情况（重点简述生产、经营、服务和信息化建设），项目实施单位基本情况（重点简述规模集约化、生产标准化、管理规范化、手段信息化、经营产业化和产品品牌化等发展现状）、信息新技术基础及技术力量、拟建设数字农业项目主要内容及金额、项目建设主要目标、其他需要阐明的内容（如自筹资金能力等），实施主体法人证书或营业执照复印件、龙头企业及合作社认定文件，近三年审计报告，土地落实的相关证明文件，规划预选址意见书，自筹资金承诺函及银行存款证明等。

19. 加强农业科研和技术推广有哪些重要举措？

2018年中央一号文件《中共中央 国务院关于实施乡村振兴战略的意见》提出，要夯实农业生产能力基础，加快建设国家农业科技创新体系，加强面向全行业的科技创新基地建设，深化农业科技成果转化和推广应用改革。

中国要改革农业科技体制，较大幅度地增加预算内农业科研投入。继续安排引进国外先进农业科技成果的资金。增加农业科技成果转化资金。支持已有科研成果的中试（产品正式投产前的试验，即中间阶段的试验）和大面积示范推广。引导和推动企业成为农业技术创新主体，允许各类农业企业和民营农业科技组织申请使用国家有关农业科技的研发、引进和推广等资金。深化农业科技推广体制改革,加快形成国家推广机构和其他所有制推广组织共同发展、优势互补的农业技术推广体系。积极发挥农业科技示范场、科技园区、龙头企业和农民专业合作组织在农业科技推广中的作用。建立与农业产业带相适应的跨区域、专业性的新型农业科技推广服务组织。支持农业大中专院校参与农业技术的研究、推广。

20. 农业科技培训的重点是什么?

农业科技培训重点主要包括:

(1)把培训与农业结构调整、发展特色农业的实际需要结合起来,真正帮农民解答在生产过程中遇到的技术难题。

(2)把各类培训机构的积极性充分调动起来,发挥农业科研、教学、推广机构和农业广播电视学校等培训机构的优势,依托绿色证书工程、青年农民科技培训工程、农村优秀人才创业培植工程等,开展培训活动。

(3)鼓励企业产业化龙头企业、农民专业合作组织等社会力量与农户建立有效的联系,通过提供资金和良种、统一生产技术规范等,为农民生产经营提供服务。

(4)把多种灵活有效的培训形式结合起来,可以在教室里讲解要点,可以利用广播电视、报纸杂志等媒体介绍知识,更要在田间地头通过手把手的现场示范,让农民听得懂、看得懂。

21. 政府在农业保险方面有哪些补贴政策?

2018年7月30日,财政部、农业农村部、中国银行保险监督委员会共同印发《关于将三大粮食作物制种纳入中央财政农业保险保险费补贴目录有关事项的通知》明确以下五点:

(1)保险标的。纳入中央财政保费补贴目录的制种为,符合《中华人民共和国种子法》规定、按种子生产经营许可证规定或经当地农业部门备案开展的水稻、玉米、小麦制种,包括扩繁和商品化生产等种子生产环节。保险责任除普通的自然灾害、病虫害外,还包括其他可能导致质量损失的各类风险,如花期不遇、自交结实等。

(2)补贴比例。为保持政策统一,补贴比例按照《财政部关于印发〈中央财政农业保险保险费补贴管理办法〉的通知》的相关规定执行,即在省级财政至少补贴25%的基础上,中央财政对中西部地区补贴40%、对东部地区补贴35%,对新疆兵团、中央直属垦区、中国农业发展集团等中央单位补贴65%。

(3)保险金额。与普通大田作物相比,制种生产成本已处于相对较高水平,针对制种的农业保险技术也较为复杂。在开展初期,为有效规避道德风险,制种保险的保障水平为直接物化成本,暂不包括地租成本和人工成本,后期可随着试点经验的积累,研究逐步提高保障水平。

(4)部门协同。《农业保险条例》提出,我国农业保险按照"协同推进"等原则开展,尤其在制种保险中,确认保险标的、厘定保险费率、认定保险责任等诸多方面,专业性较强,需要充分发挥有关部门的专业优势,共同做好相关工作。同时,为有利于投保农户等更好理解保险合同内容,保险经办机构应使用保险监管部门统一发布的示范性条款。

(5)工作要求。各地应当根据《关于将三大粮食作物制种纳入中央财政农业保险保费补贴目录有关事项的通知》规定,及时调整和完善农业保险政策,制定具体实施细则,切实把制种保险惠农政策落到实处。

22. 政府推进"一村一品"工程建设有哪些内容?

"一村一品"是指根据一定区域的资源禀赋和特点,以市场为导向,变资源优势为产业和品牌优势,使其逐步成为具有区域特色的产业链或产业集群,为此,要使优势不明显的村加快培育出主导产业,而拥有主导产业的村则将产业规模做得更大、产业链条拉得更长、发展得更具特色。

特色优势产业是乡村产业的重要组成部分。近年来,农业农村部加强指导服务,发挥资源优势,建设一批"一村一品"

示范村镇,增加特色产品供给,联农带农效果明显,为促进乡村产业振兴、脱贫攻坚发挥了积极作用。

(1) 培育特色支柱产业。示范村镇紧紧依托当地资源禀赋,充分挖掘内在潜力,积极开发特色产品,形成了各具特色的主导产业,主要涵盖特色果蔬、特色经济作物、特种养殖等。2019年公布的300个全国"一村一品"示范村镇都是专业村镇,其中果品示范村镇116个、蔬菜示范村镇73个、茶叶示范村镇32个,这三类示范村镇总数达到221个,占示范村镇总数的73%,另外79个村镇从事其他特色产业,占示范村镇总数的27%。

(2) 创响特色产品品牌。2019年公布的300个"一村一品"示范村镇中,主导产品获得无公害农产品、绿色食品或有机农产品认证的村镇达226个,占专业村镇总数的75.3%。示范村镇100%拥有注册商标,有190个村镇获得农产品地理标志登记保护认证、中国地理标志证明商标认证或国家地理标志产品保护认证,占专业村镇总数的63.5%。

(3) 扶持新型经营主体。2019年公布的300个"一村一品"示范村镇中,有266个示范村镇成立了农民专业合作社,有243个村镇与龙头企业、专业批发市场实现了有效对接,还有240个村镇开展了电子商务营销,分别占专业村镇总数的88.7%、81%和80%。专业村中,从事主导产业农户加入合作社比重平均达到68.5%。

(4) 促进农民增收致富。2019年公布的300个"一村一品"示范村镇中,示范村农民人均可支配收入达到16078元,示范乡镇农民人均可支配收入达到15951元,分别比2017年全国农民人均可支配收入高出 19.7% 和 18.8%。有 69 个村镇位于国家贫困县，贵州、云南、甘肃、青海、宁夏、新疆等西部地区许多专业村镇农民人均可支配收入都超过了 1 万元。

从 2011 年起，农业农村部开展了全国"一村一品"示范村镇创建工作，截至目前，共认定 2409 个全国"一村一品"示范村镇。下一步，农业农村部将深入贯彻习近平总书记关于"三农"系列重要论述，按照党中央、国务院决策部署，把推进全国"一村一品"示范村镇建设与实施乡村振兴战略和脱贫攻坚结合起来，加快培育壮大"一村一品""一乡一业""一县一特"乡村特色主导产业，助力乡村振兴，助推产业扶贫、精准脱贫。

23. 农民可否自行出售农产品？

农民可以自行出售农产品。根据《中华人民共和国农业法》第二十八条的规定，国家鼓励和支持发展多种形式的农产品流通活动；支持农民和农民专业合作经济组织按照国家有关规定从事农产品收购、批发、贮藏、运输、零售和中介活动。有关政府部门应当依法保障农产品运输畅通，降低农产品流通成本。

由此可见，农民自行出售农产品，这不仅是法律、法规所允许的，而且是国家所鼓励的。农民直接参与市场有利于农民接受新信息,有利于提高农民收入,有利于活跃社会主义市场经济。同时,鼓励、支持和扶持除企事业单位之外的其他经济主体参与农产品流通(这里的其他经济主体包括了生产农产品的农业劳动者个人),可以发挥不同经济主体在经营上的优势,拓宽农产品流通渠道,加快农产品周转速度,减少交易环节,减少交易费用。因此农民个人可以参与农产品的销售活动。

24. 国家推动优势农产品出口的政策有哪些?

2018中央一号文件《中共中央 国务院关于实施乡村振兴战略的意见》明确提出构建农业对外开放新格局。优化资源配置,着力节本增效,提高中国农产品国际竞争力。实施特色优势农产品出口提升行动,扩大高附加值农产品出口。建立健全中国农业贸易政策体系。深化与"一带一路"沿线国家和地区农产品贸易关系。积极支持农业走出去,培育具有国际竞争力的大粮商和农业企业集团。积极参与全球粮食安全治理和农业贸易规则制定,促进形成更加公平合理的农业国际贸易秩序。进一步加大农产品反走私综合治理力度。

25. 农业支持保护体系有哪些内容？

2012年新修订的《中华人民共和国农业法》，自2013年1月1日起施行。其中，关于农业投入与支持保护的主要内容如下：

（1）国家建立和完善农业支持保护体系，采取财政投入、税收优惠、金融支持等措施，从资金投入、科研与技术推广、教育培训、农业生产资料供应、市场信息、质量标准、检验检疫、社会化服务以及灾害救助等方面扶持农民和农业生产经营组织发展农业生产，提高农民的收入水平。

在不与中国缔结或加入的有关国际条约相抵触的情况下，国家对农民实施收入支持政策，具体办法由国务院制定。

（2）国家逐步提高农业投入的总体水平。中央和县级以上地方财政每年对农业总投入的增长幅度应当高于其财政经常性收入的增长幅度。

各级人民政府在财政预算内安排的各项用于农业的资金应当主要用于：加强农业基础设施建设；支持农业结构调整，促进农业产业化经营；保护粮食综合生产能力，保障国家粮食安全；健全动植物检疫、防疫体系，加强动物疫病和植物病、虫、杂草、鼠害防治；建立健全农产品质量标准和检验检测监督体系、农产品市场及信息服务体系；支持农业科研教育、农业技术推广和农民培训;加强农业生态环境保护建设;扶持贫困地区发展;保障农民收入水平等方面。

县级以上各级财政用于种植业、林业、畜牧业、渔业、农田水利的农业基本建设投入应当统筹安排,协调增长。

国家为加快西部开发,增加对西部地区农业发展和生态环境保护的投入。

(3)县级以上人民政府每年财政预算内安排的各项用于农业的资金应当及时足额拨付。各级人民政府应当加强对国家各项农业资金分配、使用过程的监督管理,保证资金安全,提高资金的使用效率。

任何单位和个人不得截留、挪用用于农业的财政资金和信贷资金。审计机关应当依法加强对用于农业的财政和信贷等资金的审计监督。

(4)国家运用税收、价格、信贷等手段,鼓励和引导农民和农业生产经营组织增加农业生产经营性投入和小型农田水利等基本建设投入。

国家鼓励和支持农民和农业生产经营组织在自愿的基础上依法采取多种形式,筹集农业资金。

(5)国家鼓励社会资金投向农业,鼓励企业事业单位、社会团体和个人捐资设立各种农业建设和农业科技、教育基金。

国家采取措施,促进农业扩大利用外资。

(6)各级人民政府应当鼓励和支持企业事业单位及其他各类经济组织开展农业信息服务。

县级以上人民政府农业行政主管部门及其他有关部门应当建立农业信息搜集、整理和发布制度,及时向农民和农业生产经营组织提供市场信息等服务。

（7）国家鼓励和扶持农用工业的发展。

国家采取税收、信贷等手段鼓励和扶持农业生产资料的生产和贸易，为农业生产稳定增长提供物质保障。

国家采取宏观调控措施，使化肥、农药、农用薄膜、农业机械和农用柴油等主要农业生产资料和农产品之间保持合理的比价。

（8）国家鼓励供销合作社、农村集体经济组织、农民专业合作经济组织、其他组织和个人发展多种形式的农业生产产前、产中、产后的社会化服务事业。县级以上人民政府及其各有关部门应当采取措施对农业社会化服务事业给予支持。

对跨地区从事农业社会化服务的，农业、工商管理、交通运输、公安等有关部门应当采取措施给予支持。

（9）国家建立健全农村金融体系，加强农村信用制度建设，加强农村金融监管。

有关金融机构应当采取措施增加信贷投入，改善农村金融服务，对农民和农业生产经营组织的农业生产经营活动提供信贷支持。

农村信用合作社应当坚持为农业、农民和农村经济发展服务的宗旨，优先为当地农民的生产经营活动提供信贷服务。

国家通过贴息等措施，鼓励金融机构向农民和农业生产经营组织的农业生产经营活动提供贷款。

（10）国家建立和完善农业保险制度。

国家逐步建立和完善政策性农业保险制度。鼓励和扶持农民和农业生产经营组织建立为农业生产经营活动服务的互助合作保险组织,鼓励商业性保险公司开展农业保险业务。

农业保险实行自愿原则。任何组织和个人不得强制农民和农业生产经营组织参加农业保险。

(11)各级人民政府应当采取措施,提高农业防御自然灾害的能力,做好防灾、抗灾和救灾工作,帮助灾民恢复生产,组织生产自救,开展社会互助互济;对没有基本生活保障的灾民给予救济和扶持。

26. 国家出台了哪些政策来保障农民的土地权益?

党的十八大以来,以习近平同志为核心的党中央作出了"四个全面"战略布局,将全面深化改革摆上突出位置,对深化农村土地制度改革作出了一系列重大决策部署,初步构建了农村土地制度的"四梁八柱"。

(1)建立农村土地"三权分置"制度。实行家庭承包经营后,农民集体拥有土地所有权,农户家庭拥有承包经营权,实现了所有权和承包经营权"两权分离"。随着工业化、城镇化深入推进,大量农业人口转移到城镇,农村土地流转规模不断扩大,新型农业经营主体蓬勃发展,土地承包权主体同经营权主体分离的现象越来越普遍。2013年7月,习近平总书记在武汉农村综合产权交易所调研时指出,深化农村改革,完善农村基本经营制度,要好好研究农村土地所有权、承包权、经营权三者之间的关系;在2013年的中央农村工作会议上指出,顺应农民保留土地承包权、流转土地经营权的意愿,把农民土地承包经营权分为承包权和经营权,实现承包权和经营权分置并行,这是中国农村改革的又一次重大创新。党的十八届五中全会明确要求,完善土地所有权、承包权、经营权分置办法。2016年,中共中央办公厅、国务院办公厅印发《关于完善农村土地所有权承包权经营权分置办法的意见》,对"三权分置"作出系统全面的制度安排。实行"三权分置",坚持集体所有权,稳定农户承包权,放活土地经营权,实现了农民集体、承包农户、新型农业经营主体对土地权利的共享,为促进农村资源要素合理配置、引导土地经营权流转、发展多种形式适度规模经营奠定了制度基础,使中国农村基本经营制度焕发出新的生机和活力。

(2)开展农村土地承包经营权确权登记颁证。长期以来,一些地方存在承包地块面积不准、四至不清、空间位置不明、登记簿不健全等问题,导致农民土地权益依法保障程度低。为把农户承包地搞准、搞清、搞实,党的十八大以后,中央对确权登记颁证工作作出了一系列决策部署。2013年,习近平总书记指出,建立土地承包经营权登记制度,是实现土地承包关系稳定的保证,要把这项工作抓紧抓实,真正让农民吃上"定心丸"。2014年,中央明确提出用五年左右时间基本完成土地承包经营权确权登记颁证工作。截至2018年6月底,31个省(区、市)均开展了承包地确权工作,确权面积13.9亿亩,超过二轮家庭承包地(账面)面积;17个省份已向党中央、国务院提交基本完成报告，其余省份也已进入确权收尾阶段。

（3）发展多种形式适度规模经营。2013年，党的十八届三中全会提出，赋予农民对承包地占有、使用、收益、流转及承包经营权抵押、担保权能，允许农民以承包经营权入股发展农业产业化经营。2014年，中共中央办公厅、国务院办公厅印发《关于引导土地经营权有序流转发展农业适度规模经营的意见》，要求积极培育新型农业经营主体，发展多种形式的规模经营；并强调要合理确定土地经营规模，现阶段对土地经营规模相当于当地户均承包地面积10~15倍、务农收入相当于当地二三产业务工收入的，应当给予重点扶持。2017年，中共中央办公厅、国务院办公厅印发《关于加快构建政策体系培育新型农业经营主体的意见》，发挥政策对新型农业经营主体发展的引导作用。目前，土地流转、入股、合作以及生产托管等多种形式适度规模经营有序发展，家庭农场、合作社、龙头企业、农业社会化服务组织等新型农业经营主体蓬勃兴起。截至2017年底，各类新型农业经营主体超过300万家，新型职业农民达到1400万人，多种形式适度规模经营占比达到40%。

（4）明确第二轮土地承包到期后再延长30年。习近平总书记在党的十九大上宣布，第二轮土地承包到期后再延长30年。会场内，代表们的掌声经久不息；会场外，广大农民心花怒放，奔走相告。从实行第一轮土地承包算起，中国农村土地承包关系将稳定75年，这意味着今后土地集体所有、家庭承包经营的农村基本经营制度不会改变，集体经济组织成员依法承包集体土地的基本权利不会改变。包括农户承包的土地（地块）总体上稳定不变。无论是拥有承包地的农户还是流入承包地的新型经营主体,都有了稳定的预期,有利于促进多种形式的适度规模经营和农村生产力发展,保持农村社会稳定。新一轮承包期再延长30年,时间上大体是在2050年前后,与第二个百年战略构想在时间节点上高度契合,既稳定了农村土地承包关系,也为届时完善政策预留了空间,是一个充满政治智慧的制度安排。

（5）统筹推进农村土地征收、集体经营性建设用地入市、宅基地制度改革。党的十八届三中全会提出,建立城乡统一的建设用地市场,在符合规划和用途管制前提下,允许农村集体经营性建设用地出让、租赁、入股,实行与国有土地同等入市、同权同价;缩小征地范围,规范征地程序,完善对被征地农民合理、规范、多元保障机制;保障农户宅基地用益物权,改革完善农村宅基地制度。2014年,中共中央办公厅、国务院办公厅印发《关于农村土地征收、集体经营性建设用地入市、宅基地制度改革试点工作的意见》,经全国人大常委会授权,2015年,在全国33个县(市、区)开展试点;2017年,将试点延期一年。从试点情况看,农村集体经营性建设用地入市改革已形成相对成熟的规则体系,农村宅基地制度改革在健全宅基地权益保障方式、完善宅基地审批制度、探索宅基地有偿使用和自愿有偿退出机制等方面进行了有益探索,农村土地征收制度改革在完善被征地农民多元保障机制等方面取得积极进展。

（6）建立健全农村土地产权流转交易制度。经党中央、国务院审议通过,2014年11月,原农业部、中央农村工作领导小组办公室、原国家林业局印发《积极发展农民股份合作赋予农民对集体资产股份权能改革试点方案》,要求试点地区在保障集体经济组织成员权利、积极发展农民股份合作、赋予集体资产股份权能等三方面进行积极探索。2015年5月，经国务院同意，确定在全国29个县（市、区）开展试点。这项改革试点的核心是赋予农民对集体资产股份占有、收益、有偿退出及抵押、担保、继承权等六项权能。到2017年12月底，全部试点工作已经如期完成，达到了预期的试点效果，形成了一批可复制、可推广的改革经验。2014年12月，国务院办公厅印发《关于引导农村产权流转交易市场健康发展的意见》。随着农村土地使用权特别是承包土地经营权流转日益增多，土地产权流转交易市场逐步发展。目前，21个省份出台农村产权流转交易市场建设的指导性文件，全国共有1239个县（市、区）、18731个乡镇建立农村土地经营权流转服务中心。总体上看，逐步构建起了符合农村实际和土地产权流转交易特点的制度框架。

27. 土地经营权入股有哪些内容？

党的十九大报告提出，第二轮土地承包到期后再延长30年。为贯彻落实党的十九大精神，2018年10月31日，十二届全国人大常委会第三十次会议初审《中华人民共和国农村土地承包法修正案（草案）》。草案规定，耕地承包期届满后再延长30年，并删除了现行法律中关于承包方全家迁入设区市，转为非农业户口的，应将承包地交回发包方的规定。这项政策旨在稳定农村土地承包关系并保持长久不变，体现了农村土地制度设计的中国智慧，有利于坚持和完善农村基本经营制度，利于农业适度规模经营。落实好这一政策，核心是维护好农民土地权益。

土地经营权入股是用活土地经营权的有效形式，是促进适度规模经营的重要途径，是增强乡村产业振兴的发展动能。2018年12月24日，中共中央办公厅、国务院办公厅印发的《关于完善农村土地所有权承包权经营权分置办法的意见》要求，要创新土地经营权入股的实现形式；完善土地股份组织运行机制；探索土地经营权入股风险防范措施；加快完成农村承包地确权登记颁证，建立完善土地经营权价格评估体系，建立健全土地经营权流转市场，做好土地承包经营纠纷调解仲裁工作，为土地经营权入股提供保障；加强指导服务以及加大政府支持。

28. 产业化联合体发展内容有哪些？

2017年，中共中央办公厅、国务院办公厅印发的《关于加快构建政策体系培育新型农业经营主体的意见》明确提出，培育和发展农业产业化联合体。以帮助农民、提高农民、富裕农民为目标，以发展现代农业为方向，以创新农业经营体制机制为动力，积极培育发展一批带农作用突出、综合竞争力强、稳定可持续发展的农业产业化联合体,成为引领中国农村一、二、三产业融合和现代农业建设的重要力量,为农业农村发展注入新动能。

促进农业产业化联合体发展,要坚持市场主导,尊重农户和新型农业经营主体的市场主体地位,政府主要是做好扶持引导,重点在三个方面下功夫:

(1)建立多元主体分工协作机制。《关于加快构建政策体系培育新型农业经营主体的意见》着眼于不同主体的优势和定位,明确提出增强龙头企业带动能力、提升农民合作社服务能力、强化家庭农场生产能力,并在充分协商基础上,鼓励制定共同章程,探索治理机制,制发成员统一标志,增强成员归属感和责任感。

(2)健全多类资源要素共享机制。包括土地、资金、科技、信息、品牌等在联合体内互联共通,完善产业链,提升价值链,增强联合体的凝聚力和竞争力。

(3)完善多种形式利益共享机制。鼓励农业产业化联合体探索成员相互入股、组建新主体等新型联结方式,引导联合体内部形成服务、购销等方面的最惠待遇,让各成员分享联合体机制带来的好处。

29. 支持农民专业合作组织发展有哪些政策?

农民专业合作组织以其成员为主要服务对象,提供农业生产资料的购买，农产品的销售、加工、运输、贮藏以及与农业生产经营有关的技术、信息等服务。2016年4月，原农业部、国家发展和改革委员会、财政部、国务院扶贫开发领导小组办公室等九部门联合印发了《贫困地区发展特色产业促进精准脱贫指导意见》，指出扶持壮大龙头企业、支持农民合作社等新型经营主体发展是增强贫困地区经济发展活力、促进农民脱贫增收的重要途径。为推进贫困地区发展，原农业部会同有关部门认真落实中央部署，积极引导龙头企业通过多种渠道参与扶贫开发，充分利用龙头企业在行业、资金、技术等方面优势，帮助贫困地区培植产业基础、注入稀缺要素、促进产业升级、拓宽增收门路。同时，采取必要措施，积极支持农民专业合作组织等市场主体发展，强化政策支持。原农业部等九部门印发的《贫困地区发展特色产业促进精准脱贫指导意见》明确提出，培育壮大贫困地区农民合作社、龙头企业、种养大户等新型经营主体，支持新型经营主体通过土地托管、牲畜托养，吸收农民土地经营权入股等途径，与贫困户建立稳定带动关系，鼓励股份合作帮扶模式，推广订单帮扶模式。政府扶持资金通过以奖代补、贷款贴息等方式支持新型经营主体和贫困户。支持农民专业合作经济组织发展。为提高农民进入市场的组织化程度，2003年起，中央财政安排专门资金支持农民专业合作组织发展。2016年，中央财政安排14亿元，采取切块下达方式，支持各地因地制宜发展粮食、农机、畜牧、林果等类型农业合作社，重点用于支持引进新品种和推广新技术、提供培训及服务、组织标准化生产、农产品加工、品牌培育、市场营销和信息咨询等。

30. 为什么要加强农村电子商务的建设?

农村电子商务作为一种新兴业态,已经渗透到农业产业链全过程,逐渐改变中国农村经济发展方式和农民生产生活方式。在降低农村流通成本、提高农产品商品化率等方面成效显著。从农村互联网基础设施完善度、国家政策导向以及产业界动向来看,"互联网+农业"大潮已起,农业电子商务时代已到来。发展农村电子商务是加快建设现代农业的必然要求。

2018年中央一号文件《中共中央 国务院关于实施乡村振兴战略的意见》明确提出,重点解决农产品销售中的突出问题,加强农产品产后分级、包装、营销,建设现代化农产品冷链仓储物流体系,打造农产品销售公共服务平台,支持供销、邮政及各类企业把服务网点延伸到乡村,健全农产品产销稳定衔接机制,大力建设具有广泛性的促进农村电子商务发展的基础设施,鼓励支持各类市场主体创新发展基于互联网的新型农业产业模式,深入实施电子商务进农村综合示范,加快推进农村流通现代化。

31. 农村电子商务对农村、农民的影响有哪些?

农村电子商务服务包含网上农贸市场、数字农家乐、特色旅游、特色经济和招商引资等内容。

（1）网上农贸市场。迅速传递农林渔牧业供求信息，帮助外商出入属地市场和属地农民开拓国内市场、走向国际市场。进行农产品市场行情和动态快递、商业机会撮合、产品信息发布等内容。

（2）特色旅游。依托当地旅游资源，通过宣传推介来扩大对外知名度和影响力。从而全方位介绍属地旅游线路和旅游特色产品及企业等信息，发展属地旅游经济。

（3）特色经济。通过宣传、介绍各个地区的特色经济、特色产业和相关的名优企业、产品等，扩大产品销售通路，加快地区特色经济、名优企业的迅猛发展。

（4）数字农家乐。为属地的农家乐（有地方风情的各种餐饮娱乐设施或单元）提供网上展示和宣传的渠道。通过运用地理信息系统技术，制作农家乐分布情况的电子地图，同时采集农家乐基本信息，使其风景、饮食、娱乐等各方面的特色尽在其中，一目了然。既方便城市百姓的出行，又让农家乐获得广泛的客源，实现城市与农村的互动，促进当地农民增收。

（5）招商引资。搭建各级政府部门招商引资平台，介绍政府规划发展的开发区、生产基地、投资环境和招商信息，更好地吸引投资者到各地区进行投资生产经营活动。

32. 为什么要促进农产品冷链物流的发展？

随着农业结构调整和居民消费水平的提高，中国生鲜农产品的产量和流通量逐年增加，全社会对生鲜农产品的安全和品质提出了更高的要求。加快发展农产品冷链物流，对于促进农民持续增收和保障消费安全具有十分重要的意义。各地区要结合本地的实际情况，按照全面贯彻落实党的十九大精神以及乡村振兴产业兴旺的要求，紧紧围绕构建农业增产增效和农民持续增收的长效机制，适应城乡居民生活水平提高和保障居民食品安全的需要，以市场为导向，以企业为主体，初步建立冷链物流技术体系，制定推广冷链物流规范和标准，加快冷链物流基础设施建设，培育一批冷链物流企业，形成设施先进、管理规范、网络健全、全程可控的一体化冷链物流服务体系，以降低农产品产后损失和流通成本，促进农民增收，确保农产品品质和消费安全。

《物流业调整和振兴规划》明确了农产品冷链物流发展的七项首要使命：一是推行现代冷链物流理念与技术；二是完善冷链物流规范系统；三是树立首要种类和要点区域农产品冷链

物流系统;四是加速培养第三方冷链物流公司;五是加强冷链物流基础设施建造;六是加速冷链物流配备与技术晋级;七是推进冷链物流信息化。

33. 为什么要大力开发农村生物能源?

生物能源作为农村能源的重要组成部分,在中国农村经济发展中有着重要作用,它的合理开发和利用将有效地弥补农村地区能源需求和供给的不足,而且通过大力开发农村生物能源可以推进人畜粪便、农作物秸秆、生活垃圾和污水的综合治理和转化利用,从而改善农业生态环境,同时也能使资源得到充分利用,达到节能减排的作用。目前,应大力开发和推广包括沼气技术、省柴节能灶、薪炭林和秸秆气化等生物能源技术,实现农村能源多元化供应,以增强农村经济,保持农村生态环境和提高农民生产水平。

34. 生物质产业发展对农业生产有哪些影响?

党的十七届三中全会通过的《中共中央关于推进农村改革

发展若干重大问题的决定》指出，促进农业可持续发展，要按照建设生态文明的要求，发展节约型农业、循环农业、生态农业，加强生态环境保护。积极培育以非粮油作物为原料的生物质产业，推进农林副产品和废弃物能源化、资源化利用。推广节能减排技术，加强农村工业、生活污染和农业面源污染防治。在国家《生物产业发展"十一五"规划》中指出，发展生物产业是建设现代农业、发展农村经济和增加农民收入的迫切需要。在当前人口压力日益严重、可耕土地资源十分紧张的形势下，保障粮食安全、实现农业持续稳定发展，需要依靠生物技术科研成果，大力发展生物育种、生物农药、生物肥料，加快土壤的生物修复与治理，实现优质、高产和功能化、绿色化的农业生产目标，推进传统农业向生态农业、节水农业、现代农业转变。

35. 以工促农、以城带乡的长效机制有哪些内容？

建立健全以工促农、以城带乡长效机制，就是要站在统筹城乡发展，构建新型工农、城乡关系的高度，把农业发展放到整个国民经济的大格局中，把社会主义新农村建设放到整个现代化建设的大格局中，把农民增收放到国民收入分配和再分配的大格局中。主要的长效机制包括：

（1）扩大公共财政覆盖农村的范围，建立健全财政支农资金稳定增长机制。

（2）国家对基础设施建设投入的重点转向农村。提高耕地占用税税率，新增税收主要用于"三农"。抓紧制定将土地出让金一部分收入用于农业土地开发的管理和监督办法，依法严格收缴土地出让金和新增建设用地有偿使用费，土地出让金用于农业土地开发的部分和新增建设用地有偿使用费安排的土地开发整理项目，都要将小型农田水利设施建设作为重要内容，建设标准农田。

（3）加快建立有利于逐步改变城乡二元结构的体制，实行城乡劳动者平等就业的制度，建立健全与经济发展水平相适应的多种形式的农村社会保障制度。充分发挥市场配置资源的基础性作用，推进征地、户籍等制度改革，逐步形成城乡统一的要素市场，增强农村经济发展活力。

第三章 提高农民工资性收入

农民增收减负百问百答

36. 什么是工资性收入？

工资性收入，是指就业人员通过各种途径得到的全部劳动报酬，包括所从事的主要职业的工资以及从事第二职业、其他兼职和零星劳动得到的其他劳动收入。工资性收入是促进农村发展、增加农民收入的重要来源。工资性收入的增长，可以给农民带来现金收入的增长，用来改善农业生产条件；可以有效缓解人地关系紧张的局面，实现家庭经营的规模化，从而整体提高农民收入；可以启动农村消费市场，扩大内需，繁荣农村经济；可以促进城乡统筹发展，有利于城乡一体化进程。

37. 为什么要支持农产品加工业发展？

农产品加工业是一个关联性、带动性较强的产业，它可以把种植业、养殖业、销售业等相关产业组织带动起来，延长产业链，促进农业结构调整，实现农村劳动力的就业转移，并且也可以提高农村劳动力经营企业的素质和技能，增强他们的就业能力。农产品加工业一般以劳动密集型企业为主，其产业链是农民就业的主要途径之一，可有效缓解中国的就业压力，为农村剩余劳动力提供广阔的就业空间，扩大农民增收渠道。

38. 政府怎样保障进城就业农民的合法权益？

首先，逐步实现城乡劳动者同工同酬。要抓住工资待遇和劳动保护等突出问题，加大清理工资拖欠工作力度，合理提高最低工资标准，健全劳资纠纷协调机制，引导和促进形成稳定和谐的劳资关系。其次，逐步实现农民工与城镇居民享有同等的公共惠农富民政策服务。流入地要把进城农民工作为城市居民的一部分，切实把对进城农民工的职业培训、子女教育、劳动保障及其他服务和管理经费，纳入正常的财政预算，消除对流动人口的歧视性政策，创新流动人口服务和管理体制，有计划地扩大农民工与当地居民享受同等公共服务的项目和范围。再次，扩大农民工社会保障的覆盖面。要尽快实现工伤保险对农民工全覆盖，健全农民工医疗保障制度，抓紧建立和完善适合农民工特点的养老保险制度，努力探索农民工养老保险关系异地转移和接续办法，确保农民工在流动就业中的社会保障权益。最后，推进大中城市户籍制度改革，放宽农民进城就业和定居的条件，特别是放宽中小城市落户条件。

39. 农民工应当如何应对"就业难"的问题？

农民工自身要深刻认识到当前严峻的就业形势，转变就业观念，积极地接受政府或人力资源市场或企业提供的各种适合自身发展的技能培训，与时俱进地提高自身素质，选择适合自己的就业方向。农民工在外出务工时，选择好就业的城市，尽可能多地抓住就业信息，避免出现长时间找工作及待业现象的出现。农民工可以通过网络等信息平台寻找就业机会；还可以与当地就业和创业的农民工朋友多沟通，留意当地的就业机会。在工作中锻炼自己，累积更多的实践经验，为将来走上更好的工作岗位作充分的准备。

40. 针对农民工求职招聘的"春风行动"主要内容有哪些？

"春风行动"的目的是要为进城务工的农民撑起"一片蓝天"。发展"打工经济"，既是农村富余劳动力向非农产业转移、实现农民增收的重要途径，也是新形势下解决"三农"问题的有效手段。截至2017年年末，全国农民工总量已达28652万人，他们干着苦、脏、累的工作，为城市的发展和进步作出了重要贡献。但长期以来，找工作难、保护自身权益难、融入城市难等难题，一直困扰着农民工。个别地方还将农民工视为城市的"不安定因素"，在就业、管理上出台一些带有歧视性的规定。农民工需要得到特别的尊重和关爱，单从这一点来说，"春风行动"无疑是一场"及时雨"。

"春风行动"要求为进城务工的农村劳动者提供全面的就业服务，使他们外出务工前在县乡免费得到政策咨询和就业信息服务，进城后在公共职业介绍机构得到免费的职业介绍服务，求职期间在所有公共职业介绍机构和推荐的民办职业中介机构得到诚信服务。此外，原劳动保障部要求各级公共职业介绍机构公布公共职业介绍机构名单，推荐一批"放心民办职介机构"，曝光非法职业中介行为，设立维权热线电话。

41. 国家对于劳动者的最低工资标准有哪些规定？

最低工资标准，是指劳动者在法定工作时间或依法签订的劳动合同约定的工作时间内提供了正常劳动的前提下，用人单位依法应支付的最低劳动报酬。最低工资保障制度是中国一项劳动和社会保障制度。

（1）最低工资标准是少数生产经营困难、经济效益下降，确无正常工资支付能力的用人单位（连续3个月以上不能正常发放工资的），支付给劳动者的最低劳动报酬。有支付能力的用人单位不得将最低工资作为正常的工资支付标准。

（2）用人单位需按最低工资标准支付工资的，应履行必要的民主程序并事先报同级劳动保障行政部门备案。劳动保障行政部门对执行最低工资标准的用人单位要纳入重点监控范围，加强跟踪检查，切实维护劳动者基本劳动报酬权益。用人单位生产经营恢复正常后，应及时恢复或提高工资标准。

（3）劳动者在试用、见习、熟练或学徒期间，用人单位和劳动者双方的劳动关系事实已经成立，适用最低工资规定。

（4）劳动者法定年休假、探亲假、婚假、丧假和产假、哺乳假等假期，是法律赋予劳动者的休息休假权利，应视为提供正常劳动，适用最低工资规定。

（5）国家、省对相关劳动定额标准有明确规定的，用人单位应严格按照劳动定额标准计算劳动者工资。暂时没有相关劳动定额标准的，用人单位必须科学合理确定劳动定额，并据此确定基本计件单价和超额计件单价。基本计件单价应根据法定工作时间内绝大多数劳动者能够完成的正常劳动量确定。劳动者提供正常劳动并按基本计件单价计算的工资不得低于最低工资标准。

（6）下列各项在最低工资标准以外，由用人单位另行支付：

①延长工作时间的加班加点工资；

②中班、夜班、高温、低温、井下、有毒有害等特殊工作环境、条件下的津贴；

③法律、法规和国家、省规定的劳动者应当享受的福利待遇。主要包括：对劳动者进行培训的费用；按国家劳动安全卫生规定发给劳动者的费用和用品，以及用人单位自身规定的工作用品（如工作着装等）；按国家住房制度改革规定由用人单位为劳动者缴纳的住房公积金；用人单位为劳动者支付的医疗卫生费、丧葬抚恤救济金、探亲路费、计划生育补贴、生活困难补助、冬季取暖补贴、防暑降温费等。

（7）用人单位依法缴纳的社会保险费，以及通过补贴伙食、住房支付或提供给劳动者的非货币收入，不得抵扣最低工资标准。

42. 国家采取哪些措施防止农民工工资被拖欠？

2016年，国务院办公厅印发《关于全面治理拖欠农民工工资问题的意见》，就健全预防和解决拖欠农民工工资问题的长效机制，从根本上治理拖欠农民工工资问题提出了明确要求。以建筑市政、交通、水利等工程建设领域和劳动密集型加工制造、餐饮服务等易发生拖欠工资问题的行业为重点，健全源头预防、动态监管、失信惩戒相结合的制度保障体系，完善市场主体自律、政府依法监管、社会协同监督、司法联动惩处的工作体系。到2020年，形成制度完备、责任落实、监管有力的治理格局，使拖欠农民工工资问题得到根本遏制，努力实现基本无拖欠。

（1）针对用工管理和工资支付行为不规范问题，进一步明确要落实各类企业包括建设领域施工企业依法按月足额支付工资的主体责任，强调施工总承包企业对所承包工程项目的农民工工资支付负总责。

（2）推动各类企业委托银行代发农民工工资。在工程建设领域，鼓励实行分包企业农民工工资委托施工总承包企业直接代发的办法。分包企业负责为招用的农民工申办银行个人工资账户并办理实名制工资支付银行卡，按月考核农民工工作量并编制工资支付表，经农民工本人签字确认后，交施工总承包企业委托银行通过其设立的农民工工资专用账户直接将工资划入农民工个人工资账户。

（3）完善企业守法诚信管理制度，建立拖欠工资企业"黑名单"制度，建立健全企业失信联合惩戒机制，使失信企业在全国范围内"一处违法，处处受限"。

（4）针对建设领域市场秩序不规范问题，提出加强建设资金监管、规范工程款支付和结算行为、改革工程建设领域用工方式等政策措施，从源头上预防和减少拖欠工资问题。

（5）及时处理欠薪争议案件。充分发挥基层劳动争议调解等组织的作用，引导农民工就地就近解决工资争议。劳动人事争议仲裁机构对农民工因拖欠工资申请仲裁的争议案件优先受理、优先开庭、及时裁决、快速结案。对集体欠薪争议或涉及金额较大的欠薪争议案件要挂牌督办。加强裁审衔接与工作协调,提高欠薪争议案件裁决效率。畅通申请渠道,依法及时为农民工讨薪提供法律服务和法律援助。

43. 农民工工资被拖欠应如何应对?

(1)电话投诉到当地劳动执法监察大队,他们会依据《劳动保障监察条例》依法对用人单位进行监督检查,并责令其支付拖欠的工资。

(2)依据《中华人民共和国劳动合同法》第三十条的规定,用人单位拖欠或者未足额支付劳动报酬的,劳动者可以依法向当地人民法院申请支付令,人民法院应当依法发出支付令。

(3)直接到当地劳动保障行政部门申请劳动仲裁(不收费,不用律师),通过劳动仲裁下达的裁决书,向单位索赔,如果还不赔,可申请法院强制执行。

(4)如果劳动仲裁不予受理或者仲裁不公,可以在15天内向法院提起民事诉讼,直接通过法院判决执行。

(5)按上述途径索取工资的同时,可依据《中华人民共和国劳动合同法》第八十五条的规定,要求单位按应付金额50%以上100%以下的标准加付赔偿金。

(6)借助舆论力量,合法的向社会媒体曝光,引起社会关注,通过社会舆论维护自身的合法权益。

44. 什么是职业技能培训？

简言之就是以当前中国职业分类及相关职业的技能需求标准为依据开展的规范性培训。培训对象经过相对规范和系统的职业技能培养、训练。参训者可以获得以下两方面收获：一方面是掌握特定的职业规范和准则，具备参与特定社会劳动的能力和资格，从而实现个人与自然和社会的协调发展；另一方面是掌握特定产品生产的知识和操作的方法。此类培训的学习时间相对都比较短，而且学习不以取得对应学历资格为主要目的，更多的是为了取得相应的职业资格证书、岗位合格证书。

45. 农村劳动力职业技能培训有哪些要求？

加强对农村劳动力的职业技能培训是提高农民就业能力、增强中国产业竞争力的一项重要的基础性工作。农村劳动力职业技能培训要根据市场和企业的需求，按照不同行业、不同工种对从业人员基本技能的要求，安排培训内容，实行定向培训，提高培训的针对性和适用性。要调动社会各方面参与农民职业技能培训的积极性，鼓励各类教育培训机构、用人单位开展对农民的职业技能培训。各级财政都要安排专门用于农民职业技能培训的资金，并为提高培训资金的使用效率和培训效果，应由农民自主选择培训机构、培训内容和培训时间，政府对接受培训的农民给予一定的补贴和资助。要防止和纠正各种强制农民参加有偿培训和职业资格鉴定的错误做法。

46. 政府促进农民工转业转岗培训的措施有哪些？

关于农民转业转岗培训，主要包括以下几方面的工作：加大"阳光工程"等农村劳动力转移就业培训支持力度，进一步提高补贴标准，充实培训内容，创新培训方式，完善培训机制；适应制造业发展需要，从农民工中培育一批中高级技工；鼓励用工企业和培训机构开展定向、订单培训；组织动员社会力量广泛参与农民转移就业培训；按照城乡统一、公平就业的要求，进一步完善农民外出就业的制度保障。各级财政要大幅度增加农民职业技能培训投入，采取补助、培训券、报账制等方式，努力提高培训的实用性和资金的使用效率。做好农民工就业的公共服务工作，加快解决农民工的子女上学、工伤、医疗和养老保障等问题，切实提高农民工的生活质量和社会地位。

47. 什么是农业创业？

农业创业是指人们在农业领域通过一定的组织形式进行投资，从事农业生产、加工、销售、物流、服务、管理等活动的过程。农业创业是一个从无到有，从小到大，从弱到强的过程。从创业动机出发，创业具有三个基本属性：谋求生存、追求财富、服务社会。从发展过程看，农业创业可以分为三类：一是依托原有小产业扩大规模，如种养小户扩大规模后变成大户，种养大户扩大规模后变成家庭农场；二是把小农场、小企业提升为规范化的农业企业，如把若干的同类农户、农场组织起来建立规模较大的农业合作社，实行统一提供农资、统一耕种、统一防治、统一标准、统一品牌、统一销售等；三是从无到有，直接创办农业企业，如投资创办农产品加工企业、畜禽养殖企业。

48. 政府促进农村劳动力就业、创业的具体措施有哪些？

（1）拓宽转移就业渠道。增强经济发展创造就业岗位能力，拓宽农村劳动力转移就业渠道，引导农村劳动力外出就业，更加积极地支持就地就近就业。发展壮大县域经济，加快培育区域特色产业，拓宽农民就业空间。大力发展吸纳就业能力强的产业和企业，结合新型城镇化建设合理引导产业梯度转移，创造更多适合农村劳动力转移就业的机会，推进农村劳动力转移就业示范基地建设。加强劳务协作，积极开展有组织的劳务输出。实施乡村就业促进行动，大力发展乡村特色产业，推进乡村经济多元化，提供更多就业岗位。结合农村基础设施等工程建设，鼓励采取以工代赈方式就近吸纳农村劳动力务工。

（2）强化乡村就业服务。健全覆盖城乡的公共就业服务体系，提供全方位公共就业服务。加强乡镇、行政村基层平台建设，扩大就业服务覆盖面，提升服务水平。开展农村劳动力资源调查统计，建立农村劳动力资源信息库并实行动态管理。加快公共就业服务信息化建设，打造线上线下一体的服务模式。推动建立覆盖城乡全体劳动者、贯穿劳动者学习工作终身、适应就业和人才成长需要的职业技能培训制度，增强职业培训的针对性和有效性。在整合资源基础上，合理布局建设一批公共实训基地。

（3）扶持农民工返乡创业。完善促进创业带动就业的政策措施，将农民工返乡创业和农民就地就近创业纳入政策扶持范围。继续落实农民工返乡创业扶持政策，在贷款发放、税费减免、工商登记、信息咨询等方面提供支持。农业农村部认定一批"农村创业创新园区"，为农民工返乡创业创造良好环境。以公办学校为主、以输出地为主解决好农民工子女入学问题，关心农村留守儿童。

（4）完善制度保障体系。推动形成平等竞争、规范有序、城乡统一的人力资源市场，建立健全城乡劳动者平等就业、同工同酬制度，提高就业稳定性和收入水平。健全人力资源市场法律法规体系，依法保障农村劳动者和用人单位合法权益。完善政府、工会、企业共同参与的协调协商机制，构建和谐劳动关系。落实就业服务、人才激励、教育培训、资金奖补、金融支持、社会保险等就业扶持相关政策。加强就业援助，对就业困难农民实行分类帮扶。

49. 关于农民返乡创业贷款的政策有哪些？

（1）农村小额信用社贷款政策。贷款是常见的获取资金的渠道，但抵押物却是挡在农民创业前的拦路虎。农村小额信用社贷款政策很好地解决了这一问题。农民创业贷款不需要进行抵押，可以凭借个人信用到当地信用社贷取小额创业货款，不过借款额度较小。

（2）农民工返乡创业示范性基地贷款。返乡创业示范性基地贷款是为返乡创业示范基地的开发建设和改造升级提供贷款支持。比如，农村经常见到的示范性产业园、小麦、玉米等农作物的示范性基地，这些基地的建设和开发都是能向银行申请贷款的。

(3) 国家鼓励设立产业投资基金。按照市场运作、专业管理、科学决策、防范风险的原则，吸引和带动社会资本、金融机构、国有企业参与投资，加大对国家农村产业融合发展示范园的投入力度，充分发挥政府资金的引导作用和放大效应。也可在有条件的地方，根据发展需要与财力可能，鼓励按照市场化方式，依法发起设立产业投资基金。

(4) 农村大学生创业贴息贷款。对于农村大学生创业贷款，国家的扶持力度更高，人才向农村转移，给农村带来新的发展力量和机会。根据创业项目的含金量，创业大学生最高可获得 20 万元的免息免押贷款。

50. 申请返乡创业贷款有哪些流程？

(1) 自愿申请。借款人向户口或经营所在地的社区或街道（乡镇）劳动保障工作机构提出书面申请，并提交相关资料和证件。

(2) 审查推荐。社区或街道劳动保障工作机构在接到申请后，会对申请人的个人信用、经营场所、个人创业能力、个人资格等方面进行一个全面的调查，如果这次初审通过后，他们就会写一份推荐书，上报给担保机构。

(3) 承诺担保。担保机构对申请人进行资格认定和项目审查，担保机构应简化程序，尽量降低或取消反担保。

（4）发放贷款。借款人与经办银行签订借款合同，经办银行发放贷款。

51. 农业创业者掌握新技术的途径有哪些？

（1）参加职业技术技能培训项目。参加由政府公共财政支持的职业技术技能培训项目。

（2）参加就业创业培训班。参加县、乡镇劳动服务机构举办的就业创业培训班。这样的培训班一般针对性比较强，有的还是与某个单位联合举办的"订单式"培训。

（3）赴专门的职业院校培训学习。去农业职业院校、技工学校、农业广播电视学校等，可以学习专业性比较强的技能。

（4）接受远程教育。如广播电视学校、网络学校等，这种方式比较适合具备一定文化基础、掌握一定现代科技手段的当代农村青年，同时要求有比较高的学习自觉性和钻研能力。

（5）边干边学。适合一些理论知识水平要求不高、讲究动手能力和经验积累的农业创业项目。

52. 创业要了解哪些法律法规？

（1）成立公司时，需要了解公司法等法律法规，如《中华人民共和国公司法》《中华人民共和国公司登记管理条例》等。不成立公司而是合伙的话，需要了解《中华人民共和国合伙企业法》等。

（2）从事的行业，需要了解与行业相关的法律法规。如从事餐饮业，需要了解《中华人民共和国食品安全法》《中华人民共和国食品安全法实施条例》等。

（3）成立公司后，雇佣员工的要了解《中华人民共和国劳动法》《中华人民共和国劳动合同法》等。

（4）业务上，要了解《中华人民共和国合同法》及相关法律法规。

以上是基本的法律，其他创业过程中可能涉及的，如《中华人民共和国专利法》《中华人民共和国商标法》等，由于专业性较强，当企业发展到一定规模时，建议委托法律专业人员处理。

53. 创业者获取建议的途径有哪些？

（1）同行。管理咨询集团（美国西雅图一家低成本运作的咨询公司）的老板斯蒂芬·贝茨曾说过："经营和你类似业务的企业家，是计算创业初期运营成本的最佳信息来源。"

（2）供应商。供应商是研究创业成本比较重要的信息来源。创业者可以直接给供应商打电话，告诉他因为你打算创业，所以想了解某个行业的费用。他们通常都非常乐意帮忙，因为他们也想从你身上寻找生意机会。

当然，也不能过分相信初次接触的供应商，应多做些比较，才会发现创业成本可能会有很大的差异。要向供应商询问设备租赁、大量购买的折扣额、信用条件、启动的库存量以及可能降低前期成本的其他选择。

（3）行业商会。根据不同的行业，商会可以提供启动费用明细和财务报表的样本、行业内相关的企业家和供应商名单、市场调研的数据和其他有用的信息。供应商的行业商会也是很好的信息来源。

（4）企业退休高管。随着中国人口平均寿命的延长，退休人员已成为社会人力资源不可忽视的组成部分。一些大型企业或国企高管对行业、企业管理都非常熟悉，创业者可聘请有经验的退休企业家，指导完成公司启动的整个过程，为创业指明方向。

（5）创业指南。创业者可以从一些独立的出版社和商会获得创业启动指南。这些指南，尤其是信誉卓著的行业指南是研究创业启动资金的有利资源。要确保指南没有过时，也要记得不同地区的费用会相差很大。在阅读的过程中，注意那些能帮你降低启动成本的小提示。

（6）连锁加盟机构。如果想购买特许经营权，特许经营权拥有者会给你启动费用的相关数据。创业者可以给现有的特许经营商打电话，问问他们实际的启动费用是否符合特许经营权拥有者的预测值。

（7）创业相关文章。创业相关的文章可以让你大致估算所需的启动成本，并帮助你列出需要调查的费用清单。要使用可靠的信息来源，不要忘记查阅相关的行业杂志，可以了解供应商信息、行业所需成本和最新行业动态。

（8）创业顾问。一个合格的创业顾问可以提供关于启动资金的相关建议，甚至为你做很多调查，帮你将自己的调查变成有用的财务预测和具体方案。如果你决定与创业顾问合作，一般要找熟悉你所处行业的专家，并且有创业经验和实际运营经验的人。

54. 农业创业的路径有哪些？

（1）独立创业。独立创业是指创业者个人独自进行创业，独立担负企业的全部责任。独立创业的特点有以下三点：一是创业人员单一，唯一的创业者就是老板，既没有人来分担他的责任，也没有人来分享他的利益。二是权利义务统一，责权利是高度统一的，创业者为自身的活动负完全的责任，为实现自己的创业理想作出不懈的努力，积极履行各种义务，与之相应的是在企业拥有充分的权利，获得最大值的企业利益。三是经营决策独立，独立创业的创业人员单一、权利和义务统一，决定了创业者行为自由度很高，不受影响和限制，因而在创业过程中能够保持最大限度的自主性。

（2）合作创业。合作创业是指两个或两个以上创业者合作进行创业。合作创业的方式很多，有资金上的合作创业，有资源上的合作创业，还有技术上的合作创业。如果缺乏资金，那就要找一个能够提供充裕资金的合作对象；如果缺乏某种稀缺资源，那就要找一个拥有相应资源的人进行合作；如果既没有资金，又缺乏相关的资源，但是又想把自己所拥有的技术市场化、产业化，就可以选择技术合作创业的方式。要根据自身的实际情况，然后再决定采取哪一种合作创业方式。

（3）电子商务。电子商务是以网络信息技术为手段，以商品交换为中心的商务活动；也可以理解为在互联网、企业内部网和增值网上以电子交易方式进行交易活动和相关服务的活动，是传统商业活动各环节的电子化、网络化、信息化。农村电子商务服务包含网上农贸市场、数字农家乐、特色旅游、特色经济和招商引资等内容。

（4）承包经营。承包经营是指农村集体组织、农村承包经营户依照承包合同的规定，对集体所有或国家所有由集体使用的土地、山岭、草原、荒地、滩涂、水面等资源所享有的占有、使用和收益。

国家鼓励农户依法采取转包、出租、互换、转让、入股等方式流转承包地。有条件的地方在坚持农地农用和坚决防止"非农化"的前提下,可以根据农民意愿统一连片整理耕地,尽量减少田埂,扩大耕地面积,提高机械化作业水平。在坚持农村土地集体所有和充分尊重农民意愿的基础上,在农村改革试验区稳妥开展农户承包地有偿退出试点,引导有稳定非农就业收入、长期在城镇居住生活的农户自愿退出土地承包经营权。

(5)特许加盟。加盟创业是采用加盟的方式进行创业,一般的方式是加盟开店。这是加盟商(受许人)与连锁总部(特许人)之间的一种契约关系。根据契约,连锁总部向加盟商提供一种独特的商业经营特许权,并给予人员训练、组织结构、经营管理、商品采购等方面的指导和帮助,加盟商向连锁总部支付相应的费用。加盟创业选择合适、可靠的品牌,可保障加盟店稳步发展、持续盈利。

(6)经销代理。经销一般是指经销商与生产厂家或供货商达成协议,在规定的期限和地域内购销指定的商品。供货商和经销商之间是一种买卖关系。从法律关系上讲,供货商和经销商之间是本人对本人的关系,经销商是以自己的名义购进货物,在规定的区域内转售时,也是以自己的名义进行,货价涨落等经营风险要由经销商自己承担。经销分为一般经销与独家经销。在独家经销情形下,一般会规定经销商最低交易数量、不得经销相竞争的其他供货商产品等。

55. 创业团队中应当具备哪些人员？

创业团队成员不能是清一色搞终端销售的，也不能全部是技术成员。优秀的创业团队成员各有各的长处，大家团结在一起，正好是优势互补、相得益彰。在创业团队的成员选择上，必须充分注意人员的知识结构——管理、财务、技术、销售等，全面选择，充分发挥个人的知识和经验优势。

（1）会当家的。在创业团队中，会当家的就是带头人。大到一家集团企业，小到一个家庭，或者是一个临时工作小组，要想使成员尽心竭力、团队发挥最大力量，至关重要的就是选择一个所有人都认可的团队带头人。带头人就是大海航行中轮船的掌舵人，指引着创业团队的前进方向。创业团队中必须有可以胜任的带头人，而这个带头人，不是单单靠资金、技术、专利来决定的，也不是谁提出什么好的点子谁就可以带头。这个带头人应该是团队成员发自内心认可的，在创业团队中有巨大的、无形的影响力，有一呼百应的气势和号召力。

（2）能算账的。财务混乱是很多年轻组织存在的问题，年轻的创业团队往往没有专业的财务人员处理财务问题而引起团队纠纷。理清账目有助于企业加强经营管理，提高经济效益，促进企业可持续发展。企业经营管理水平的高低直接影响着企业的经济效益、经营成果、竞争能力和发展前景，在一定程度上决定着企业的前途和命运。因此必须依靠专业财务制定内部财务制度，为创业团队的财务运作提供一个制度约束机制。

（3）懂技术的。一个企业没有自己的技术就会被市场淘汰，要是不在自己的技术上加以创新，就会被市场赶出去。绝大多数成长起来的公司的创业者、创始人都是有很深的技术背景的。而农民想要创业，想发展企业，最终要靠技术来解决问题，科学技术是农业发展的根本出路。农业技术在产前、产中、产后都需要，没有技术就没有农业的稳定，技术具有不可替代的重要性。

（4）跑市场的。企业要生存就必须盈利，而盈利的唯一途径就是把产品卖出去。如果产品卖不出去，对企业来说，再好的产品不过是废品一堆。创业人员中跑市场的就是搞销售的。销售人员出现问题就会影响产品的销售，前面再怎么优秀的人，付出再辛苦的劳动也都泡汤了，所以销售这个最终环节是重要的。

56. 怎样进行创业资金预算？

（1）估准资产费用。创业启动资金是一个创业项目启动的前提条件之一，创业者在开始创业之前，一般需要储备一些资金。一个再好的项目，没有资金的支持也只能是一个美好的愿望,永远无法实现。创业项目需要投入多少主要依据创业者选择项目的种类、规模、经营地点等情况而定。项目投资估算的内容,包括人才引进、技术转让、设备购置、安装、土建工程及其他工程费用等。

(2)算足开办费用。开办费用是指企业在筹建期间发生的费用,包括人员工资、办公费、培训费、差旅费、印刷费、注册登记费以及不计入固定资产和无形资产成本的汇兑损益和利息等支出。

(3)预留流动资金。流动资会是运转过程中所需要支出的资金。企业要在运转一段时间后才能有销售收入,所以运行一个项目要至少准备能支付三四个月的经营周转资金,包括人员工资、水电费、电话费、原辅材料费、广告费、维修费等,如果有分期偿还的借款,也要算入。假如是办工厂一类,除了以上费用外,还需要有半成品、产成品、原材料等占用的资金。

(4)备好风险资金。在激烈的市场竞争环境下,企业财务管理过程中的某一方面或某个环节出现问题,都可能使风险转变为损失,导致企业陷入困境甚至破产。企业财务风险来源于资金利润率不高和债权不安全两个方面,农业创业者还可能面临自然灾害等带来的风险损失。因此,在估算创业资金时,要对创业资金的使用做好统筹安排,预留风险资金,力求把风险降到最低程度。

57. 创业资金筹集有哪些渠道？

（1）用上自有资金。创业之初创业资金主要的也是最可靠的来源是自有资金。通过自己和动产或不动产变现来筹集创业资金是主要渠道之一。如今，多数人把钱存入银行，变成存款，取得利息。在经营者眼里，资本只有在运动中才能增值，投放到生产、流通领域的资金才能盈利。资本能变换价值形态，吸收入才、技术、信息、原料、设备。如果寻找到合适的项目，对技术、市场等也有信心，就应果断将手头的钱投资到充分论证后选择的项目中去。

（2）用好现有资产。现有资产包括自己和合伙人现存的场地、房屋、机械设备、办公用品以及交通工具等，能够利用的尽可能利用。如创业之初，找不到理想的场所，只要能转换一下思路，想办法获得一处免费的创业场所，那就相当于得到了一笔可观的创业资金。

（3）用足现有政策。政府为了支持农业的发展、提高农民的经济收入和生活水平、推动农村的可持续发展而对农业、农民和农村给予了一些政策倾斜和优惠，选择国家政策鼓励和支持的农业创业项目，并得到政府在有关专项上的支持和扶持，是农业创业项目资金筹措的一个重要渠道。

（4）借贷创业资金。中国人的传统思想是不愿意向别人借贷，即使遇到暂时的资金困难，一般也不愿意向别人借贷。而随着社会的发展，传统的观念正在逐步改变，要想成就一番大业，抓住发展机遇，依靠借贷资金发展往往是必要的手段。在通常情况下，借贷有两种方式：一是向亲友借款，二是找银行贷款。

（5）争取创业基金。作为调节产业导向的有效手段，各地政府部门为有发展前途的高科技人才提供免费的创业园地的同时，每年还会拿出数目相当可观的扶持资金用于支持创业。假如是创业者，不妨争取这样的政策性扶持，一旦成功，资金问题就会迎刃而解。

58. 农业创业前需要做哪些准备？

（1）选择好场地。要创办农业企业，无论是大是小，都需要场所。开店需要店面房，办农牧场需要土地畜舍，办农产品加工厂需要土地厂房，这些都需要创业者准备，尤其是生产加工企业不仅需要土地、房舍，还需要水电气等。

（2）组织好人员。好的计划需要有好的人员去实施。一个充满活力和凝聚力、具有协调性和开拓性的人员组合体，可以极大地调动起每个人的工作积极性，营造出"一个好汉三个帮"的和谐工作氛围，促进创业计划的实施。人员组合只有在一定的范围内，依据岗位需要，遵循必要的原则和标准，才能达到最佳状态。

在实际操作中，可以根据不同的工作性质，区分各类人员的具体情况而具体运用，或把几种方法结合起来使用，以确定合理的人员组合方案。

（3）筹备好资金。资金是创业的物质基础，是创业成功的必要保证，也是决定创业是否成功的重要因素。创业者在创业前必须筹集到符合创业数量要求的资金。

（4）制定好制度。没有规矩，不成方圆。现代农业创业需要制定相应的制度来保障，具体需要制定的制度包括财务管理制度、人员管理制度、营销制度、奖惩制度、采购制度及其他相关的生产经营制度。

59. 创办农业企业要走哪些程序？

要创办农业创业企业从一开始就得程序规范，这样企业才有生命力，赚钱才可持续，所以必须经行业许可、注册登记、银行开户取得相关资质后方可开业。

（1）行业许可。创办农业企业需要农业（林牧渔业）、环境保护、食品药品等部门审批或核准。涉及的企业类型如下：家庭农场、种畜种禽场；农药（兽药）化肥生产经营企业、饲料（添加剂、预混料）生产经营企业、动植物种子、种苗生产经营企业；占用林地、林区伐木、林区木材运输、林区木材经营加工、林木种子经营、林木种子苗木进口；渔业捕捞、渔船制造、渔船购置。

如果是建设项目，在建设前还需经环保部门进行环境影响评价，简称"环评"，建成后还要进行环境保护验收。此外，创办食品生产经营企业还需经过食品卫生管理部门许可。

（2）注册登记，综合窗口收取"三证合一"登记申请材料，并将相关信息录入平台后，将相关材料进行复印或扫描，按工商登记、组织机构代码登记、税务登记申请材料要求，将申请材料分别传递给相关部门登记窗口。

工商窗口收到申请材料和平台推送的设立申请信息后，对工商登记申请材料齐全且符合法定形式的，做出准予设立登记的核准意见，将核准信息上传至平台。

质监窗口收到申请材料和平台推送的工商核准登记信息后，办理组织机构代码登记，将组织机构代码发送至平台。

国税窗口、地税窗口收到综合窗口传递的申请材料和平台推送的工商核准登记信息、组织机构代码后，办理税务登记，将税务登记证号发送至平台（对不需要办理国税登记的，由国税窗口将相关意见反馈给综合窗口）。

综合窗口通过平台了解审批办理的进度，收到工商、质监、国税、地税四部门核准（或确认）登记信息后，及时通知申请人，向其颁发加载组织机构代码、税务登记证号的营业执照及有关通知书。

（3）银行开户。一是开户与结算，在日常生产经营活动中，要经常与银行进行结算，以达到账账相符和账款相符，以利于更好地生产经营。比如出售商品后收取买方贷款，购买原料需要支付卖方价款等,这些活动在金融行业中称为结算。二是贷款,贷款一般有抵押贷款、担保贷款和信用贷款三种。贷款合同内容包括借款用途、付款日期、还款期限、贷款利率、违约责任及借贷双方的权利和义务,有必要或有条件的要经公证机关公证。

(4)择时开业。在做好以上各项准备工作以后,就可以择时开业了。开业期间的宣传、促销活动在很大程度上影响到厂(店)开业后的经营状况,因此,一定要做好开业的策划方案。

开业前的宣传造势很重要,可以通过媒体广告、品牌灯箱、广告礼品袋以及花篮、条幅等来烘托气氛,提高人气。开业时间的选择,一般要考虑有关部门人员是否有时间参加、天气是否晴朗、是否在节假日、是否在人流较多的日期、开业日居民是否喜欢等因素。

60. 农业企业面临的风险有哪些?

农业企业的生产运营过程集自然再生产和经济再生产于一体,这导致农业企业面临的风险具有自身的行业特征。按照风险形成的不同层次,农业企业的风险可分为以下四个方面:

(1)自然风险。农产品生产的周期性、自然灾害的客观存在、农业生产力水平较低,这些都会给农民带来风险。有些自然灾害是可避免的,有些是不可避免的,农民单家独户所面临的风险更大。这些自然灾害对农业产业公司可能会带来灭顶之灾。

（2）市场风险。农户在农业生产中面临产品销售不畅、价格偏低、价格不稳定或者受到竞争对手的挤压而带来的市场风险，选择农业创业项目，无论是种植业，还是养殖业，都客观存在着市场风险。在现实情况下，绝大多数农民种什么、养什么，是无法统计到准确数据的，这就要求种养的品种要在名、特、新、优上大做文章，这样才能在市场中取胜。

（3）技术风险。技术风险是指由于农民缺乏农业技术或某些技术在应用后产生的不确定副作用，对农业生产经营活动所造成的损失。技术风险轻者造成减产、效益下降，严重者造成绝收，从而血本无归。

农业的技术风险来自于农业技术经济绩效的不确定性、农业技术应用的复杂性和农民素质状况。随着农业市场化步伐的加快，农民对科技的需求量大幅度增加，农业生产越来越依靠新技术、新产品，农业经营者的技术风险日益加大，对农产品质量标准、生态环境和能源的要求越来越高，经营这类产品的风险也在相对提高。

（4）人为风险。人为风险指因人的主观因素导致的种种风险。这些风险虽然表现形式和影响范围各不相同，但都离不开人的思想和行为。市场经济是竞争经济，优胜劣汰是市场经济的基本规则。每一家企业都在努力争夺市场机会，扩大市场占有率。企业能否在竞争中取胜，关键在于是否善于抓住有利时机，发挥竞争优势以做出准确判断和果断决策。

61. 导致农业企业创业失败的因素有哪些?

(1) 缺乏管理能力。创业人员不懂企业管理知识,管理经验不全面,不能很好地管理企业,在企业运行时往往没有宏观的判断,没有清晰的方向感,发现问题不能及时采取行动造成管理缺失。创业活动主要有两种:一是创业者利用某一新技术进行创业,他可能是技术方面的专业人才,但却不一定具备管理才能,从而形成管理缺失;二是创业者往往有某种"奇思妙想",可能是新的商业点子,但在整体规划上不具备相应的才能,或不擅长管理具体的事务,从而形成管理缺失。

(2) 缺乏技能和专门知识。不会管理资金、人员、机器、库存、成本核算,不能有效了解市场需求。中国农民整体受教育水平不高、知识储备不足、信息量不够,一些农民缺乏创业所必备的技术和技能,在创业过程中仅凭自己的主观判断确定投资领域和方向,从而导致创业失败。

(3) 市场信息不准。信息是人类社会的一种宝贵资源,同样也是现代化管理的重要资源。信息的共同特征有时效性、共享性、转化性、无限性、传递性、存储性、再生性、压缩性、利用性等。创业者如果不能及时了解市场需求信息及其变化,容易造成产品销售不出去或卖不了好的价格。对技术含量低的农产品跟风种植时一定要看好市场，随时了解行情，最好不在高峰期种植，可提前一个月或推迟一个月，要在技术上做文章。

（4）产业规模不当。中小型企业规模小，很难形成纵向一体化，无法规模化生产，企业各项成本费用过高，人力资源管理水平相对落后。一些小型企业受资金和规模的限制，硬件设施、相应的软件（如企业文化、企业管理理念和手段等）往往落后于大型企业。

此外，小型企业中相当大比例的管理人员是企业所有者的亲属或友人，企业重要岗位上任人唯亲的现象非常普遍。有些企业的最高领导者身兼数职，一人负责企业的生产、管理、财务和销售。这种家族式管理和个人集权化的管理方式，在小型企业发展初期起到了良好的促进作用，客观上有利于企业的发展，但是随着企业的不断发展壮大，这些管理方式的弊端就逐渐显露出来了。

许多小型企业并不具备独立的产品开发能力，市场开拓能力也相当有限，经营完全以盈利为唯一目的，往往很少考虑和进行长远规划，容易造成企业业务频繁更换的情况，对于市场和技术的变化风险抵抗力差，不利于企业的长期、持续性发展。

（5）自然灾害袭击。农业企业受自然影响最大，如果业主没有为企业投保，受到旱灾、水灾、病虫害、疫情或其他灾害时，企业将受到重大损失。农产品生产的周期性、自然灾害的客观存在、农业生产力水平较低，这些都会给农民带来风险。有些自然灾害是可避免的，有些是不可避免的，农民单家独户所面临的风险更大。这些自然灾害对农业创业公司可能会带来灭顶之灾。

62. 规避农业创业风险的对策有哪些?

创业风险贯穿在整个创业过程,创业者在经营运作中首先应搞清楚哪些风险对效益影响最大,在管理过程中要时时控制住这些影响效益的因素,掌握最新的行业信息并及时做出调整,将风险控制在可接受的范围内。

(1)选择好保险。保险实际上是面临风险的人们通过保险人(保险公司)组织起来,从而使个人风险得以转移、分散,由保险人组织保险基金集中承担,当被保险人发生损失时,可从保险基金中获得补偿。换句话说,保险的"一人损失,大家分摊"是实现"人人为我,我为人人"的一种社会互助形式。

(2)分析准市场。市场是一切商品买卖行为或商品交换关系的总和,各种商品供应和需求的关系、矛盾、变化和发展趋势都通过市场得到集中反映。农业创业者只有把握准市场的走势,才能避免因市场波动而产生的风险。

农产品在市场化的过程中凭标准、品牌交易已经成为一种趋势,通过品牌树立农业企业形象,促进企业产品信息的迅速传播,以便赢得市场。

(3)融入行业组织。在激烈的市场竞争中,为了降低生产成本,提高盈利水平,就需要通过合作联合起来,借助外部交易规模的扩大，节约交易成本，提高在市场竞争中的地位，使产品按合理价格销售。同时，还可通过扩大经营规模，提高机械设备等的利用率，寻求规模效益。规模的扩大可带动地方经济的倍增效应。加入农村专业技术协会，可以在更大范围内稳定农产品的价格，争取市场谈判的主动权，提高千家万户的小生产者在千变万化的大市场中的竞争能力和经济效益。

（4）培育稳定客户。顾客是企业的衣食父母，要想办好企业一定要学会如何吸引和稳定顾客，要尽可能做到每天都有新客户，要让大部分的新客户不断变为老客户。

（5）掌握专业技术。专业技术能力的形成具有很强的实践性，许多专业知识和专业技巧要在实践中摸索，逐步提高、发展和完善。作为农业企业创业者，要重视在创业过程中积累专业技术方面的经验和加强职业技能的训练。对于专业知识和实践经验要在加深理解的基础上，予以提高、拓宽，专业技术水平要在不断探索、反复实践、详细记录、认真分析的基础上，进行总结、归纳，经过长期的积累才能形成自己的经验特色，专业技术能力才会不断提高。对行业的了解和认知程度越深，就越有专业优势。因为卓越的专业能力使农业创业者能独辟蹊径，独具慧眼，进而更能规避风险，降低成本。

（6）加强内部管理。内部管理包括对人员、资金的管理。它涉及人员的选择、使用、组合和优化，也涉及资金的聚集、核算、分配、使用、流动。内部管理能力的形成要从学会经营、学会管理、学会用人、学会理财几个方面去努力。

创业离不开人才，企业管理的好坏，直接决定了企业经营风险的大小。而高素质的管理人员和良好的组织结构则是管理好企业的重要保证。企业的管理人员应该是互补型的，而且要有团队精神。

63. 怎样降低农业创业的生产经营成本？

对于创业者来说，在创业资金相对有限的情况下，更应懂得企业的利润在很大程度上来自于成本的控制。可通过下述几种途径降低生产经营成本。

（1）货比三家采购。创业者在购买商品或者接受服务的时候，必须掌握一定的商品鉴别能力，尤其应该多走几家商店、商场，多跟几家供应商联系，获取准确的价格信息，这样才能买到货真价实的商品和服务。

（2）精打细算生产。创业之初，最重要的是生存下来。大多数成功的创业公司，都走过了一个严格的成本控制过程。创业者要通过制定严格、切实、可行的生产经营管理规章制度，使企业生产经营管理有条不紊、有章可循，使日常工作更加科学化、制度化、规范化。

（3）减少人员费用。企业开支中最大的部分是成本，其中人员费用是企业的一项重要支出，尤其是在当下，人员费用越来越高。如果企业在其他条件暂时无法得以改进优化的情况下，想要增加利润，就必须在减少人员费用，从而降低企业成本方面多做文章多动脑筋了。

（4）加快资金周转。营运资金在循环过程中，在不同阶段以不同的形式分别占压在原材料、产成品、应收账款等上面。资金周转速度快，会相对节约流动资产，等于相应地扩大了资产的投入，用相同的资金完成更大规模的生产，取得更好的经济效益。

（5）优选销售模式。销售在农业产业链条中起着非常重要的作业，用对、用好销售方式，将给企业带来很好的收益和发展前景。

（6）采用创新成果。大力采用农业科技创新成果，应狠抓提高单产和改善品质两大环节，突出抓好新品种引进、新技术推广、新模式示范、新机具应用。将先进适用的农业科技转化成现实的生产力，持续有力促进农业增产、增效和农民增收。

第四章 提高农民财产性收入

64. 什么是农民财产性收入？

财产性收入，一般指由家庭拥有的动产、不动产所获得的收入，它包括通过财产使用权出让和财产运营过程中所获得的租金、红利、股息等。从本质上说，财产性收入就是在现有财产的基础上通过各种途径所获得的额外收入。

农民财产性收入，指的是基于自身拥有的财产，充分发挥和利用处置权、使用权、收益权、占有权等，由此得到一定的收益。即农民选择金融资产增值、分红、出租等方式处理自己的财产，以此得到一定的收入。农民的财产直接导致和产生了他们的财产性收入，财产性收入的多少在很大程度上取决于他们的财产额度，而他们所拥有的财产主要包括实物、资金、房屋、土地等。

目前，中国农民的财产收入主要来源是土地流转和土地出让，其次就是房屋租赁收入，还有少量的存款借贷性收入。土地流转和土地出让收入主要分两种形式：一种是租让给农业生产大户的土地流转费，另一种是集体土地出让，即土地被国家征用后国家给予的补偿。此外，农民是集体的主要构成，他们可以获得一定的公共财产的财产性收入。

65. 什么是宅基地？

宅基地，是指农户或个人用作住宅基地而占有、利用本集体所有的土地。宅基地主要分为三种类型：一是在农村已经建房屋或其他附属设施的土地；二是将要用来建造房屋的土地，即规划用地；三是已经建了房屋，但不适合居住的土地。根据中国现行法律规定，宅基地的所有权属于集体，农民对宅基地只享有使用权，不享有所有权，但对于宅基地上的房屋享有所有权。

66. 农民怎样加快宅基地流转以提高财产性收入？

（1）加快推进农村宅基地确权，为农民财产性收入的增加奠定基础。中国实行房屋所有权与土地使用权相一致的原则，如若土地与房屋的所有权相分离，将会使得房屋的价值大打折扣。对于农民而言，宅基地以及地上的房屋设施几乎成为他们全部的财产，但是由于法律的限制，宅基地只能在集体经济组织成员之间进行流转,导致农民对于房屋以及宅基地失去了完整的产权,农民不能利用宅基地进行抵押、转让、贷款,就失去了为扩大生产、增加投资而获得资金支持的重要渠道,农民财产性收入的增加也就无从谈起。

中央继提出农村土地所有权、承包权、经营权"三权分置"以来,又提出了宅基地"三权分置",并提出了宅基地农户资格权和宅基地使用权的概念。随着保障宅基地农户资格权的提出,农民作为集体经济组织的成员将获得宅基地资格权,并以颁发证书的形式得以实现。目前,宅基地确权工作仅停留在试点阶段,加快普及农村宅基地确权工作的推进是增加农民财产性收入的制度基础。

(2)建立完善的农村土地信贷网络以拓宽农民财产性收入的渠道。将土地引用进现代经济运行之中,是有效增加农民财产性收入的客观需要,建立以信贷为基础的土地信贷覆盖网络,将广大农村土地纳入国家财政计量系统,充分利用土地资源的信用价值,为土地征用的监管提供货币支持的同时,也能够给农民带来客观的财产性收入。农民拥有完整的宅基地产权(抵押、转让、租赁等)后,可以将闲置的宅基地变为财产,利用各种方式获得土地贷款,用于各种投资理财方式,将使得农民财产性收入来源的渠道大大拓宽。

(3)建立完善的宅基地流转市场,多渠道增加宅基地财产性收入。原国土资源部部长姜大明在全国国土资源工作会议上表示,要适度放宽、放活宅基地的使用权,这意味着宅基地只能在同一个集体经济组织内部成员之间转让这一规定有可能被打破。在逐步放开宅基地使用权主体限制的同时,需要建立较为完善的宅基地使用权流转市场。农民可以通过流转市场这一平台,对宅基地进行登记、评估,宅基地购买者也可以在交易市场购买登记,最终交易双方通过流转市场互换信息,实现宅基地的合理化流转。建立并完善宅基地价值评估体系和价格监控机制,形成动态的宅基地流转价格。

规范宅基地流转行为,依法签订相关合同。随着宅基地流转规模的日益扩大,流转过程中问题将不断出现。为此,相关部门应加大宅基地流转行为的规范力度,避免简单的口头协议,引导农民严格按照现有的法律规定,与宅基地需求者签订合法化的书面合同,并且最后由相关部门进行鉴定并登记。

统筹城乡规划,科学规划村庄的土地利用,但是城市人到农村买房是绝对不允许的。虽然宅基地流转市场的建立会给农民的宅基地流转带来诸多便利,但是严格实行土地用途管制的原则不能破,严禁下乡利用宅基地建设别墅大院、私人会所等。

(4)允许部分农宅入市,保障农民享受土地增值收益。在加强土地的用途管制、完善宅基地审批管理制度和严格规划的前提下,应当允许部分农宅入市。2018年中央一号文件《中共中央 国务院关于实施乡村振兴战略的意见》指出,系统总结农村宅基地征收、集体经营向建设用地入市、宅基地制度改革试点经验,逐步扩大试点,加快土地管理法修改,完善农村土地利用管理政策体系。扎实推进房地一体的农村集体建设用地和宅基地使用权确权登记颁证。农宅入市可以改变当前农民"地大房差,货币收入低",摆脱"乡下房子卖不掉,城里房子买不起"的局面,释放农村沉睡的资本,使得宅基地资源能够在市场上发挥最大的价值,赋予农民更多财产权利,增加农民收入，充分享受土地增值带给自身的收益。

但是文件同时指出，在适度放活宅基地和农民房屋使用权的同时，不得违规违法买卖宅基地，严格实行土地用途管制。这就说明，宅基地入市要有底线，城市人到农村买房这个口子不能开。与此同时，必须建立健全社会保障体系，切实保障农民的生存和发展权益，妥善解决农民住房和再就业问题。

此外，由于宅基地流转市场机制不完善，农民知识水平相对较低，获取市场信息的能力不足，也使得农民在宅基地流转的过程中处于弱势地位。因此，对于宅基地制度的改革，政府应当加强与农民沟通，提供合理的宅基地流转平台，并提供专业人员对农民进行严格的指导和市场管理，在农民自身的合法权益得到保障的同时享受土地增值所带来的收益。

67. 土地征收的概念是什么？

土地征收是指国家为了公共利益需要，依照法律规定的程序和权限将农民集体所有的土地转化为国有土地，并依法给予被征地的农村集体经济组织和被征地农民合理补偿和妥善安置的法律行为。征收后，土地所有权由农民集体所有变为国家所有。

68. 农村土地征收程序及注意事项有哪些?

(1) 发布征地公告。征地公告由县级或市级国土资源部门实施,公告的内容包括征地范围、面积、补偿方式、补偿标准、安置途径和征地用途。公告应当张贴在被征收土地所在地的村范围之内。公告作出之后,村民不得抢栽、抢种农作物,也不得抢建建筑物。

(2) 征询村民意见。征地公告发布之后,县级或市级国土资源部门应当联合乡镇政府围绕公告的六项主要内容征询村集体经济组织(村民委员会)与村民的意见。如果村民委员会或者村民提出了不同意见,县级或市级国土资源部门应当记录在案,着手协调解决,同时还应当告知他们有权提出听证申请,并依法组织听证。等这些程序履行完毕后,县级或市级国土资源部门还应当将记录在案的不同意见、听证的相关材料作为报批的必备材料。

(3) 实地调查与登记。土地征收过程中的实地勘察程序是至关重要的。在这个环节里面,县级或市级国土资源部门应当会同土地所有权人、使用权人,去征收范围内对被征土地的四至边界、土地用途、土地面积、地上附着物的种类与数量、规格进行实地调查,并将调查情况现场填制成表,一式三份,然后由县级或市级国土资源部门与土地所有权人、使用权人双方共同确认表格内容，确认无误之后由土地所有权人、使用权人签字。县级或市级国土资源部门也应当将土地所有权人、使用权人签好字的表格作为报批的必备材料。

（4）"一书四方案"。县级或市级国土资源部门做完前三个步骤的工作之后，根据征询、听证、调查与登记的具体情况，拟定出正式的"一书四方案"：一书是指建设用地说明书；四方案包括农用地转用方案、补充耕地方案、征收土地方案、供应土地方案。拟好后逐级上报省级人民政府或国务院批准。

（5）张贴征地公告。省级人民政府或者国务院作出征地批准文件并下发给征收土地的县级或市级人民政府之后，县级或市级人民政府国土资源部门应当在10个工作日内进行征地公告，公告内容应当包括以下四个方面：

①征地批准机关、批准文号、批准时间和批准用途；

②被征土地的所有权人、位置、地类和面积；

③征地补偿标准和农业人员安置途径；

④办理征地补偿登记的期限和地点。另外，公告应当张贴在被征地所在村。

（6）张贴征地补偿安置方案公告。根据省级人民政府或者国务院批准的征收土地方案，县级或者市级国土资源部门应当在张贴征地公告之日起45日内，以村为单位，拟订征地补偿安置方案并予以公告，公告内容应当包括以下六个方面：

①被征土地的位置、地类、面积，地上附着物和青苗的种类、数量，需要安置的农业人口的数量；

②土地补偿费的标准、数额、支付对象和支付方式；

③安置补助费的标准、数额、支付对象和支付方式；

④地上附着物和青苗的补偿标准和支付方式；

⑤农业人员的具体安置途径；

⑥其他有关征地补偿、安置的具体措施。

征地补偿安置方案公告后，村民委员会、村民或其他权利人如果对方案有不同意见，又或者要求举行听证会的，应当自公告张贴之日起10个工作日内，向县级或者市级国土资源部门提出，后者应当认真研究，在要求听证的情况下还应当举行听证会。倘若征地补偿安置方案确实存在需要修改的地方，县级或者市级国土资源部门应当依照有关法律、法规的规定和批准的征收土地方案进行修改。

（7）报批征地补偿安置方案。县级或者市级国土资源部门应当将公告后的征地补偿安置方案，连同村民委员会、村民或其他权利人的不同意见及采纳情况一起报本级人民政府审批。

（8）批准征地补偿安置方案。县级或者市级人民政府对于报批的公告后的征地补偿安置方案与村民委员会、村民或其他权利人的不同意见及采纳情况进行审查并决定批准之后，应当报省级自然资源厅备案，并交由县级或者市级国土资源部门开始组织实施征地与补偿安置工作。

（9）土地补偿登记。村民委员会、村民或其他权利人应当在征地公告规定的期限内持土地权属证书，亦即土地承包合同到指定地点办理土地补偿登记手续。如果超过期限未办理该手续的，对其的补偿按照县级或者市级国土资源部门的调查结果进行。

（10）实施征地补偿与土地交付。按规定落实土地补偿之后,被征地单位和个人应将土地交付给县级或者市级国土资源部门。

69. 农村土地征收补偿新标准有哪些?

2018年农村土地征收补偿标准有以下几种:

(1) 农村土地征收赔偿标准由土地补偿费、安置补助费、青苗补偿费构成。

①土地补偿费。土地征收的土地补偿费是如何计算的呢?土地补偿费一般为该耕地被征收前三年平均年产值的6~10倍。

②土地征收的安置补助费。按照需要安置的农业人口数计算。需要安置的农业人口数,按照被征收的耕地数量除以征地前被征收单位平均每人占有耕地的数量计算。每一个需要安置的农业人口的安置补助费标准,为该耕地被征收前三年平均年产值的4~6倍。但是,每公顷(1公顷=1万平方米)被征收耕地的安置补助费,最高不得超过被征收前三年平均年产值的15倍。

③青苗补偿标准。对刚刚播种的农作物,按季产值的1/3补偿工本费。对于成长期的农作物,最高按一季度产值补偿。对于粮食、油料和蔬菜青苗,能得到收获的,不予补偿。对于多年生的经济林木,要尽量移植,由用地单位付给移植费;如不能移植必须砍伐的,由用地单位按实际价值补偿。对于成材

树木,由树木所有者自行砍伐,不予补偿。

④其他附着物的补偿标准。征收土地需要迁移铁路、公路、高压电线、通信线、广播线等,要根据具体情况和有关部门进行协商,编制投资概算,列入初步设计概算报批。拆迁农田水利设施及其他配套建筑物、水井、人工鱼塘、养殖场、坟墓、厕所、猪圈等的补偿,参照有关标准,付给迁移费或补偿费。用地单位占用耕地建房或者从事其他非农业建设时,应当按照《中华人民共和国耕地占用税暂行条例》的规定,缴纳耕地占用税。

(2)农村征地补偿标准要求。

①各项征地补偿费用的具体标准、金额由市、县政府依法批准的征地补偿安置方案规定。

②土地被征用前三年平均年产值的确定(有关土地补偿费、安置补助费的补偿标准),按当地统计部门审定的最基层单位统计年报和经物价部门认可的单价为准。

③按规定支付的土地补偿费、安置补助费尚不能使需要安置的农民保持原有生活水平的,可增加安置补助费。原土地补偿费和安置补助费的总和不得超过土地被征用前三年平均年产值的30倍的土地管理规定。

(3)土地补偿费简要计算公式。

①土地征收补偿标准计算公式:土地补偿费 = 被征地面积 × 前三年平均年产值 × 补偿倍数($6 \leq$ 补偿倍数 ≤ 10)

②安置补助费计算公式:安置补助费 = 被征地面积 × 前三年平均年产值 × 补偿倍数 × 被征地块需安置人数($4 \leq$ 补偿倍数 ≤ 6)

③地上附着物和青苗补偿费计算公式：补偿标准由省、自治区、直辖市规定。

（4）土地补偿费的分配对象与分配原则。

①分配对象。第一，实行统一安置的，土地征收补偿标准归该集体经济组织。放弃统一安置，实行安置补助费支付给被征地农民，可以分配的土地补偿费分配对象为被征地农民；实行平均分配，分配对象为该集体经济组织全体成员。第二，已经实行农村土地股份合作制的，可以分配的土地补偿费分配对象为该土地股份合作制组织的全体股东。第三，农村土地没有实行家庭承包经营，仍然实行统一经营的，其分配对象为该集体经济组织的全体成员。第四，征收、征用集体经济组织采取其他方式承包的果园等土地，可以分配的土地补偿费分配对象为该集体经济组织。第五，征收、征用集体经济组织的机动地，可以分配的土地补偿费分配对象为该集体经济组织具有土地承包经营权的新增人口。

②分配原则。根据被征地农民的意愿，放弃统一安置的，集体经济组织要将被征地农民获得安置补助费相对应的不少于80%的土地补偿费支付给分配对象。分配对象为该集体经济组织的全体成员或土地股份合作制组织的全体股东。农村集体经济组织按照规定留存的土地补偿费，纳入公积公益金，严格管理，将不低于90%的土地补偿费用于被征地农民的社会保障支出。各级政府应引导和鼓励集体经济组织和被征地农民按照有关规定，将土地补偿费用于参加社会保险和被征地农民社会保障。

70. 农村集体土地被征收时被征收人可以行使哪些权利？

（1）知情权，包括知晓被征收地和地上附着物归属的调查结果，知晓征收集体土地的征地批准文件及相应的征收文件，了解补偿安置方案和修改意见。

（2）参与权，包括对补偿安置方案提出意见和建议。

（3）申诉权，对政府作出的有关征地的具体行政行为，可以提出行政复议或向人民法院提请诉讼。

（4）监督权，依法监督征地相关工作及有关工作人员的工作行为。

当农村集体土地被征收后，被征收人的一些行为是法律所不允许的，也就是被征收人不能去做的，比如，第一，不可暴力阻挠征地。土地被征收人如果对有关征收行为存有异议，可以依法申请行政复议，也可以提起行政诉讼。但是不可以采用各种方式阻挠征地的进行，更不可以使用暴力及其他违法手段。第二，不能突击搭建地上附着物和种植青苗。这种做法是得不偿失的，它不仅不能获得补偿，而且可能涉及违法。第三，被划入搬迁范围内的房屋不可以再新成立有效的房屋租赁关系。但是在搬迁开始之前已经成立且搬迁开始之后租赁期限还没有到期的租赁关系仍然具有法律效力，这种租赁关系将延续到房屋被拆迁，或房屋还没被拆迁但是租赁关系到了约定的截止日期。

71. 农民在土地征收过程中怎么维护自己的土地权益？

（1）被征地农民要以正确的态度面对征地拆迁问题。集体土地是农民群众赖以生存的基础，然而在现代化发展的大趋势下，依靠土地已经不能满足生存需要，更重要的是国家拥有相应的权力，为了公共利益对集体土地进行征用和征收，农民群众要以发展的眼光看待未来的生活，尽量避免因不舍土地而产生的不满、抗拒等情绪影响对自己合法权益的维护。因此，被征地的农民一定要冷静地处理在征地过程中产生的分歧，例如，对补偿方式、金额有不满的，应正确利用法律武器、法律程序维护自己的正当权益。盲目上访、暴力维权只能导致矛盾升级，错过最佳维权时间，造成无法挽回的损失。

（2）被征地农民要了解征地流程。集体土地的征收流程十分复杂，很多被征收的农民对此并不清楚，导致其面对违法征收的情况往往只能吃了亏，却说不出一二。可是，复杂的征收流程正是对政府的约束，被征收农民的保障。集体土地的征收，首先需要建设项目的用地单位向市、县国土行政主管部门办理用地申请，然后由国土部门拟定征地方案，国土部门报同级人民政府进行征地审查。之后逐级上报获得征地审核与批复，由被征地所在人民政府将征收土地方案进行公告。公告之后，被征地所在人民政府及其国土部门制订征地补偿安置方案，并由被征地所在人民政府进行公告，随后该政府及其国土部门实施补偿安置，最后用地单位获得建设用地批准证书。

征地的每一个流程都要符合法律法规，但是在现实生活中，很多地区的征地流程存在着许多违法情况，以至于损害被征地农民的利益。被征地农民对征地流程进行一定程度的了解，可以在征地过程中注意保存相应证据，以便采取相应的法律手段来维护权益。

面对拆迁机关的施压，或是不幸遭遇强拆、偷拆、逼迁等情况，被征地农民最好还是聘请专业律师进行维权，避免浪费心力与财力却没有任何效果。站在被征地农民的角度上来看，自己维权会把握不到维权重点所在，面对很多突发情况更是束手无策，力不从心，只能一步步地被对方拖垮、蚕食。专于征地拆迁的律师可以在各个方面给予被征地农民极大的帮助，专业的拆迁律师在整个征地案件的每一个阶段都会采取相应的法律工作，为争取合理、满意的补偿打下良好的基础，为当事人争取更大的权益。所以面对复杂、繁琐的征地案件，越早聘请专业律师，对当事人的利益最大化起到的效果会越大。

72. 对外出务工农民的土地承包权和经营自主权的规定有哪些？

按照《中华人民共和国农村土地承包法》第二十七条规定，承包期内，发包方不得收回承包地。国家保护进城农户的土地承包经营权。不得以退出土地承包经营权作为农户进城落户的条件。承包期内，承包农户进城落户的，引导支持其按照自愿有偿原则依法在本集体经济组织内转让土地承包经营权或者将承包地交回发包方，也可以鼓励其流转土地经营权。承包期内，承包方交回承包地或者发包方依法收回承包地时，承包方对其在承包地上投入而提高土地生产能力的，有权获得相应的补偿。第二十八条规定，承包期内，发包方不得调整承包地。承包期内，因自然灾害严重毁损承包地等特殊情形对个别农户之间承包的耕地和草地需要适当调整的，必须经本集体经济组织成员的村民会议三分之二以上成员或者三分之二以上村民代表的同意，并报乡（镇）人民政府和县级人民政府农业农村、林业和草原等主管部门批准。承包合同中约定不得调整的，按照其约定。

对外出农民回乡务农，只要在土地承包中获得了承包权，就必须将承包地还给原承包农户继续耕作。在相当长时期内，土地依然是广大农民的重要就业保障和生活保障，在外出务工、就业没有稳定落脚以前，外出务工农民的承包权必须得到保障。如果外出务工农民的土地承包权和经营自主权得不到保障，不仅不利于开展农村土地的流转工作，而且不利于推进农村劳动力的转移，不利于农业结构调整，不利于农民增收，也不利于农村稳定。

73. 土地流转的概念是什么？

土地流转是指土地使用权流转，土地使用权流转是指拥有土地承包经营权的农户将土地经营权（使用权）转让给其他农户或经济组织，即保留承包权，转让使用权。流转到期后，在土地承包期内使用权仍然属于农民。

74. 农村土地流转的主要形式是什么？

（1）转包形式指承包方将部分或全部土地承包经营权以一定期限转给同一集体经济组织的其他农户从事农业生产经营。转包后原土地承包关系不变，原承包方继续履行原土地承包合同规定的权利和义务。

（2）转让形式指承包方有稳定的非农职业或者有稳定的收入来源，经承包方申请和发包方同意，将部分或全部土地承包经营权让渡给其他从事农业生产经营的农户，由其履行相应土地承包合同的权利和义务。转让后原土地承包关系自行终止，原承包方承包期内的土地承包经营权部分或全部灭失。

（3）互换形式指承包方之间为了方便耕作与管理或发展某项专业性生产，通过集体出面协调、农户自愿协商的办法，将农户经营的地块相互交换经营权，兑换条件由双方商定或村集体出面调解，土地的承包权不变，流转期限具有一定的周期性。

（4）出租形式指承包方将部分或全部土地承包经营权以一定期限租赁给他人从事农业生产经营。出租后原土地承包关系不变，原承包方继续履行原土地承包合同规定的权利和义务。

（5）土地入股指实行家庭承包方式的承包方之间为发展农业经济，以土地的使用权入股，兴办股份制或股份合作制企业，或连片开发发展规模经营项目，所得利润按股分红。

（6）反租倒包，村民委员会将承包到户的土地通过租赁形式集中到集体（称为"反租"），进行统一规划和布局，然后将土地的使用权通过市场的方式承包给农业经营大户或者从事农业经营公司（称为"倒包"）的土地经营方式。

75. 农民在土地流转过程中应注意哪些问题？

（1）土地性质。农村的土地分为宅基地和耕作用地，国家限制了农村的耕地只能用来种植农作物或与农业相关的用途，不能改变耕地的基本性质。有些承包户当初找农民流转土地的时候承诺是农业用途，可后来偷偷用来建工厂、仓库之类的，一旦被查出来，如果流转合同中没有对这一系的明确说明，那么农民自己可能也要承担一部分的责任。所以流转合同中这一点必不可少，农民朋友一定要注意保障自己的权益。

（2）土地使用年限。农民在进行承包地分配的时候，对于土地的使用年限都是有明确规定的。一般土地一轮的使用年限是30年，土地流转的时候还剩多少年，那承包合同中约定的使用期限就不能超过国家规定的剩余土地使用期限。比如说流转土地的时候，土地使用期限还有10年，那在土地流转合同中，约定的转让年限只能在10年之内，如果超过了这个时间，土地到期之后就会引来一系列的麻烦。

（3）土地补贴的归属问题。现在国家加大了对农业的扶持力度，各种各样的农业补贴政策也非常多。那么土地流转之后就会有这样一个问题，因为土地是给别人种，那么土地补贴到底归属谁呢？因这个问题引起的纠纷实在太多了，很多人都是在流转土地的时候没有对这个问题进行详细说明，以至于后来打官司也没有依据，无法维护自己的合法权益。所以在土地流转合同中一定要对各个农业补贴的归属作明确的说明，规定哪一项补贴由谁来领，否则涉及经济利益纠纷将是一件非常麻烦的事情。

土地流转合同是农民进行土地流转时一定要签署的文件，这份合同对流转双方的权利义务都要作明确的说明，而且还要到相关部门进行登记，保障其法律效应。日后如果因土地流转问题产生纠纷,也可做到有据可依,更好地维护自己的合法权益。

76. 如何提高土地流转收入?

(1) 建立健全土地承包经营权流转市场。建立健全土地承包经营权流转市场可以体现在多个方面,例如,建立土地流转的交易信息服务网络,让交易双方信息有效流通;建立土地流转市场金融服务体系,从多方面解决暂时性交易双方经济问题;推进土地评定和评估工作,为政府加强土地管理提供科学依据;加强合同纠纷的调解工作,维护土地所有者、承包者和经营者的合法权益。

(2) 确定合理的土地流转价格。在稳定农村土地家庭承包制的基础上,坚持依法自愿有偿原则,切实保障土地经营权流转权能,积极引导和推进土地经营权规范有序流转。健全和完善土地流转价格形成机制,鼓励采用稻谷等实物计价、货币结算相结合等方式确定流转价格,力求客观实际地动态反映流转土地价值。

(3) 规范土地委托流转行为。一是提出流转申请。经营业主到乡镇(村)土地流转服务中心(站)提出流转申请,递交经营项目、法人身份证、地块要求、流转期限等材料。乡镇(村)土地流转服务中心(站)对经营业主的资质和项目的可行性进行审核,较大规模的项目由县乡两级流转服务机构联审。二是网上发布信息。经审核后,乡镇土地流转服务中心将有关信息在农村土地流转信息网上发布,根据流转要求选择合适地块,经营业主与村集体组织达成流转意向,再由村干部进村入户,与涉及的承包组达成流转意向。若跨村界的,由乡镇土地流转服务中心作为受托方牵头实施。三是签订委托协议。在双方达成流转意向后,由镇、村干部分工负责,以承包组为单位召开社员代表会议,征得涉及农户100%同意,形成书面委托流转决议,凡愿意流出土地的农户,与村经济合作社签订委托流转协议,协议内容包括地块名称、面积、四至界限、流转期限、流转价格与支付方式、双方权利义务、违约责任等相关约定。以承包组为单位编制委托流转土地基本情况表,绘制委托流转土地四至界限平面图(到户)作为委托流转协议的附件,协议一式三份,户、组、村各持一份。四是签订流转合同。村经济合作社作为受托方与经营业主签订委托流转合同,合同内容事项与委托流转协议内容基本相同,但不能超越农户授权范围。五是合同鉴证。根据合同双方需要,可选择到乡镇土地流转服务中心鉴证,也可到公证单位进行鉴证,合同一式四份,经营业主、村、乡镇土地流转服务中心、鉴证单位各持一份。六是建立档案。乡镇、村严格按档案管理要求将所有文本资料建立台账,报送县级农业部门,及时建档归档,做到有据可查。

77. 农民该如何购买金融理财产品？

（1）树立理财观念。理财不只是富人值得拥有的理念，而是每一个人都需要建立的观念。这是一种对待个人财务积极的表现，只有先有了理财的观念，不断学习理财知识，才能最大限度地管理好自己的财富，实现财富的增值。

（2）学习理财方式。农民朋友在进行任何理财前，都应该全面学习相关理财知识，形成自己的判断力和决策力，切忌盲目投资。对任何的理财产品都要了解其风险程度，合理规避风险是理财中最重要的考量因素。多学习一些财务知识、银行储蓄、股票、证券、黄金、外汇方面的知识都可以有所了解。

78. 农民购买金融产品提高财产性收入有哪些方式？

（1）储蓄。银行储蓄是农民朋友一直比较青睐的投资方式，主要是因为其操作简单、风险很低，这种直接将钱存储在银行的理财方式十分方便。但值得注意的是，这类产品的收益通常不高,在此基础上,可以多选择了解多个银行的产品,对不同储蓄方式的利息额度做一个精确的计算,找出收益相对较高的来选择。

(2)债券。债券也是一种十分稳健的投资方式,其安全性也有所保障,收益相对来说比储蓄要高。农民理财可以尝试购买一些债券。

(3)P2P理财产品。P2P理财就是通过互联网理财,即个人对个人,又称点对点网络借贷,是指以公司为中介机构,把借贷双方对接起来实现各自的借贷需求。借款方可以是无抵押贷款或是有抵押贷款,而中介一般是收取双方或单方的手续费为盈利目的或者是赚取一定息差为盈利目的的新型理财模式。P2P理财产品相对来说操作简单、资金灵活,收益也较高。但需要在平台方面下一点功夫,找到稳健的P2P理财平台。这就需要多关注平台和行业资讯,目前还是有很多合规的P2P理财平台的。

(4)货币型基金。带有准储蓄特征的货币型基金,也是安全属性较高的理财产品。比较典型的代表有余额宝、零钱通。现在智能手机那么普遍,农民只要用手机操作,就可以将钱存进去,然后坐等收益。这类产品的优势在于,钱存在里面,在获取收益的同时,当你需要花钱的时候,也可以随时取出来用。缺点就是收益较低,目前余额宝的收益在2.5%左右,零钱通也在3%左右。普遍在一个较低的水平。

(5)保险。有条件的农村朋友,建议给家庭的经济支柱购买一份保险,这是为了预防当意外来临时,家庭经济短期内不至于受到影响。

79. 农民在理财时需警惕骗子公司的手段有哪些？

（1）利用熟人传销模式。在农村，亲戚和邻里的关系比较密切，信任度也高。理财骗子公司就是利用这个特点，先让业务员在村里跟一些村民打交道，通过一些礼品和钱财诱惑村民来听他们精心设计的讲座，接着给他们洗脑并指使他们去游说亲朋好友来投资，并许下介绍一个人入会就给多少钱作为奖励的承诺。被洗脑的村民觉得是个挣钱的事，给亲戚朋友介绍还能拿到奖励就纷纷去游说。涉及钱的事情本来大家都比较谨慎，但由于是熟人介绍，又听了骗子公司的洗脑讲座，戒备心就容易降低，轻易地就被骗入局。

（2）抓住挣钱心理。骗子公司，通过讲座游说和包装公司的实力，承诺每个月收益15%～25%。村民觉得比存银行划算很多，而且还是不菲的收益，有些村民就开始投了，大部分村民比较谨慎，试探性地投资几千块看看月收益，看到村民陆陆续续地投资，很多村民在趋众的心理下也开始投资了。

（3）设计套路，步步深入。对于刚开始不会使用网银和支付宝的村民，骗子公司的工作人员会热情地教村民使用支付工具和公司的理财APP（应用程序），承诺每个月的收益和本金可以随时转到银行卡和支付宝。刚开始第一个月，村民真的拿到了收益并且可以转到银行卡和支付宝。于是很多抱着试一试态度的村民开始加大了投入，少则数千，多则数万。

（4）加大收益，继续吸金。到了第二个月，村民看到每月的收益都到手了，满是欣喜。这时骗子公司又开始说，由于公司投资收益状况比较好，下个月收益会更高，并拿出公司各种投资回报的"证据"。在连续两个月都拿到不少收益的情况下，村民放下了戒备心，于是村民又开始加大投入了，有的甚至把全部存款都投了进去。

（5）公司一夜消失，钱不翼而飞。到了第三个月，村民再去看这家公司的时候，公司已经不见了，理财 APP 的钱也只是数字，再也转不出来了。

面对一些农村投资理财骗局，农民朋友一定要保护好自己，天上没有掉馅饼的好事，不要轻信一些不法分子。如果农民朋友觉得存款放在银行利息低，可以选择一些靠谱的理财产品。农民都很淳朴，很容易被一些新鲜的骗局所蒙骗，希望广大农民朋友多留个心。

80. 有哪些渠道和方式可以提高农民财产性收入？

（1）创新贷款抵押方式。农村金融制度的滞后发展会使得从事农业生产的经营主体资金链断裂，无法持续经营生产。进行规模化生产的经营主体,前期资金的投入量是巨大的,如果后期没有持续的资金供给,那么就会造成农业生产的夭折,同时会使经营者出现"跑路"现象,造成土地的抛荒以及农民利益的受损。因此,要充分发挥农村信用合作社、农村商业银行、开发银行等金融机构的作用,针对农业生产资金不足的问题,开展土地抵押贷款业务,根据农业生产的特点,灵活调整贷款的期限,加大贷款力度,探索多样化的贷款模式。采用土地经营权的抵押贷款方式,有效增加资金的流入,推进土地的有效流转,实现土地的规模化经营和农业的健康发展。

(2)丰富金融产品的种类。根据农民的需求情况,提供适合农村特点的金融产品,鼓励有条件的农民进行投资方式的多样化。首先要开发多元化的农村金融理财产品,主要根据农民经济能力的现实状况以及投资需求,为农民提供风险低、收益稳定、操作便利等特点的理财产品。如邮政储蓄银行推出的开放式基金和分红保险等理财产品。同时要加大金融产品的知识普及程度,让更多的农民了解到金融理财的增值功能,发挥农民手中财产的流动性,为推动财产性收入的提高做铺垫。同时要拓宽农村金融理财产品的创新领域,鼓励在保险市场和资本市场上发展农村理财产品,加快农村金融服务、农村保险体系的建设。农村金融的发展不仅可以增加农民的储蓄,还可以为农民提供理财产品,增加利息收入。

(3)提升农民投资理财的素质。随着农民收入的提高,农民的理财观念也在不断变化,对金融产品的投资需求也在不断增长。但是,绝大部分农民的文化水平不高,投资意识淡薄,预估风险的能力不足,使得他们很难从金融领域获得更多的财产性收入，所以要通过加大农村的基础教育和加大理财知识的宣传力度，普及相关的内容。一方面，金融机构应进入农村驻点或利用报刊、宣传单等方式进行金融知识的普及教育；另一方面，政府应该加强农村网络与金融相挂钩的网点建设，使农民能够及时地了解金融市场的发展趋势、增加风险意识、把握投资机会，从而获得更多的财产性收入。

第五章 提高农民转移性收入

农民增收减负百问百答

81. 什么是转移性收入？

转移性收入，不是作为生产要素提供的劳务报酬的收入，也不是能计入国民收入的收入，居民户所得到的政府的转移支付、退休金以及私人赠与等，都属于转移性收入。包括政府对个人收入转移的离退休金、失业救济金、赔偿等，单位对个人收入转移的辞退金、保险索赔、住房公积金、家庭间的赠送和赡养等。"离退休金""价格补贴"和"其他"（其中的"抚恤和社会福利救济"部分）可视为是属于政府转移性的支付。剩余的"赡养收入""赠送收入""亲友搭伙费""记账补贴"基本上是发生在居民家庭内部的收入转移。有关数据表明，城乡居民收入差距的扩大，与转移性收入的比例高低有关。在现行的城镇居民收入中，转移性收入占到20%以上，而农村居民只占5%。如果将农村居民的转移性收入扩大到城镇居民的水平，城乡的收入差距可由目前的3∶1缩小到1.8∶1。因此，扩大农村居民的转移性收入比重，加大农村居民收入项目的转移支付，增加各种直接补贴，是缩小城乡居民收入差距的重要措施。

82. 什么是农业专项资金?

农业专项资金是指由地方本级财政预算内外安排,上级财政和主管部门拨入,国内外银行贷款、国际金融机构援贷项目投入,以及农业有关职能部门专门用于发展农业生产、繁荣农村经济、提高农民收入的各项资金,主要包括农业发展基金、林业资金、农业开发资金、农业科技推广资金、支农周转金、扶贫资金、水利建设资金和援贷款项目资金等。近几年,中央和地方政府开列的农业专项资金众多,且根据年度农业生产发展形势,不断进行调整和优化。主要包括以下几种类型:种养业良种体系建设资金、新型农民科技培训资金、农业科技创新与应用体系建设资金、农产品质量安全体系建设资金、农业信息与农产品市场体系建设资金、农业资源与生态环境保护体系建设资金、农业社会化服务与管理体系建设资金、粮食综合生产能力增强行动资金、健康养殖业推进行动资金、重大动物疫病防控行动资金、疫病虫害防治补助资金等。农业专项资金种类繁多,且每年都会有变化。在创业过程中,农业创业者要根据创业项目的类型,及时关注国家和地方政府的农业专项资金政策,争取得到专项资金的支持。

83. 什么是农产品价格保护制度？

目前中国政府在粮食主产区实施最低收购价格制度，即在市场价格低于最低收购价时，由国家指定的粮食企业按最低收购价收购，在市场价格高于最低收购价时，按实际市场价格收购。目前，中国只在粮食主产区实行粮食最低收购价政策，实行最低收购价的品种，主要是小麦和稻谷。由于粮食生产的周期长，自然和市场风险比较大，其比较利益低，如果没有政策支持，完全由市场调节，那么粮食生产将必然滑坡。同时，仅仅依靠国家的粮食直补、种子补贴、机械补贴等，还不能很好地弥补粮食生产的低回报。为了确保粮食供给，在主产区实施最低收购价制度，成为简便易行的一种措施。未来进一步完善粮食最低收购价格保护机制，关键是处理好主要农产品之间的比价关系、生产资料和粮食等农产品产出之间的比价关系、国内农产品和国际农产品的比价关系。同时，要正确看待农产品价格的合理上涨和回归，充分发挥市场价格对增产增收的促进作用。

84. 中国有哪些农业补贴政策？

农业补贴是一国政府对本国农业支持与保护政策体系中最主要、最常用的政策工具,是政府对农业生产、流通和贸易进行的转移支付。农业补贴是指针对于国内农业生产及农产品的综合支持。

(1) 农民直接补贴。

①耕地地力保护补贴。

补贴对象:原则上为拥有耕地承包权的种地农民。

补贴形式:补贴资金通过"一卡(折)通"等形式直接兑现到户。

补贴条件:具体补贴依据、补贴条件、补贴标准由各省(区、市)继续按照财政部、原农业部《关于全面推开农业"三项补贴"改革工作的通知》要求,结合本地实际具体确定,要保持政策的连续性、稳定性,确保广大农民直接受益。

补贴方式:鼓励各省(区、市)创新方式方法,以绿色生态为导向,将补贴发放与耕地保护责任挂钩,引导农民提升耕地地力。

②农机购置补贴。

补贴范围:中央财政资金全国农机购置补贴机具种类范围为15大类42个小类137个品目,实行补贴范围内机具敞开补贴。

补贴对象：从事农业生产的个人和农业生产经营组织。

③生产者补贴。

区域范围：在辽宁、吉林、黑龙江和内蒙古实施玉米及大豆生产者补贴。

补贴形式：补贴资金采取"一卡（折）通"等形式兑付给生产者。

补贴条件：具体补贴范围、补贴依据、补贴标准由各省（区）人民政府按照中央要求，结合本地实际具体确定，但大豆补贴标准要高于玉米。鼓励各省（区）将补贴资金向优势产区集中。

补贴方式：为推动稻谷最低收购价改革，保护种粮农民收益，在相关稻谷主产省份实施稻谷补贴，中央财政将一定数额补贴资金拨付到省，由有关省份制定具体补贴实施方案。

④棉花目标价格补贴。

区域范围：继续在新疆和新疆生产建设兵团实施棉花目标价格补贴政策。

棉花目标价格：三年一定，2017—2019年为每吨18600元。

补贴形式：补贴资金采取"一卡（折）通"等形式直接兑付给棉花实际种植者。

（2）支持新型农业经营主体发展。

①新型职业农民培育。

扶持对象：新型农业经营主体带头人、现代青年农场主、农业职业经理人、农业社会化服务骨干和农业产业扶贫对象。

政策目的：建立农民队伍，以提升生产技能和经营管理水平为主要内容,培训新型职业农民 100 万人次。

支持方式:鼓励通过政府购买服务的方式,支持有能力的农民合作社、专业技术协会、农业龙头企业等主体承担培训工作。

②农民合作社和家庭农场能力建设。

扶持对象:制度健全、管理规范、带动力强的国家农民合作社示范社、农民合作社联合社和示范家庭农场。

支持方向:支持发展绿色农业、生态农业,提高标准化生产、农产品加工、市场营销等能力。

③农业生产社会化服务。

扶持对象:农村集体经济组织、专业化农业服务组织、服务型农民合作社等具有一定能力、可提供有效稳定服务的主体。

扶持内容:针对粮食等主导产业和农民急需的关键环节,为从事粮棉油糖等重要农产品生产的主体提供社会化服务,集中连片推广绿色生态高效现代农业生产方式,实现小农户和现代农业发展有机衔接。

④农业信贷担保体系建设。

政策目的:健全全国农业信贷担保体系,推进省级信贷担保机构向市县延伸,实现实质性运营。

扶持对象:重点服务种养大户、家庭农场、农民合作社等新型经营主体,以及农业社会化服务组织和农业小微企业。

扶持内容:聚焦粮食生产、畜牧水产养殖、优势特色产业、农村新业态、农村一二三产业融合,以及高标准农田建设、农机装备设施、绿色生产和农业标准化等关键环节,提供方便快捷、费用低廉的信贷担保服务。

扶持方式：支持各地采取担保费补助、业务奖补等方式，加快做大农业信贷担保贷款规模。

（3）支持农村产业融合发展。

①现代农业产业园建设。

扶持内容：在省级推荐基础上，继续创建一批国家现代农业产业园，同时认定一批国家现代农业产业园。

扶持方式：中央财政通过以奖代补方式给予适当支持。

②农村一二三产业融合发展。

扶持内容：深化农村一二三产业融合发展，实施产业兴村强县行动。

扶持方式：加强农产品产地加工、包装、营销等，延伸产业链，提升价值链，拓展农业多功能性，发展休闲农业、智慧农业、农业文化产业，支持农业产业化，培育新产业、新业态、新模式。

③信息进村入户整省推进示范。

扶持内容：继续选择5个省（市）开展示范，依托现有的农村信息服务、金融保险、电商等平台，通过整合资源，完善功能，达到技术、市场、商务、政务等信息一站式服务。

扶持方式：信息进村入户采取市场化建设运营，中央财政给予一次性奖补。

85. 国家对农业大县的奖励政策有哪些？

2018年，农业农村部、财政部共同实施的财政重点强农惠农政策下发，其中强调了大县奖励政策，对产粮（油）、生猪（牛羊）大县奖励补贴标准进行了相关规定。

国家对产粮（油）大县最新奖励补贴政策。奖励资金采用因素法分配，粮食商品量、产量、播种面积、绩效评价权重分别为60%、20%、18%、2%。常规产粮大县奖励资金与省级财力状况挂钩，不同地区采用不同的奖励系数。常规产粮大县奖励标准为700万~9000万元，奖励资金作为一般性转移支付，由县级人民政府统筹使用；超级产粮大县奖励资金用于扶持粮食生产和产业发展。

产油大县奖励入围条件由省级人民政府按照"突出重点品种、奖励重点县（市）"的原则确定，入围县享受奖励资金不得低于100万元。奖励资金分配根据近三年分省（区、市）分品种油料（含油料作物、大豆、棉籽、油茶籽）产量及有关部门认定的折油脂比率，测算各省（区、市）年均油脂产量，作为奖励因素。油菜籽增加奖励系数20%，大豆已纳入产粮大县奖励的继续予以奖励，奖励资金全部用于扶持油料生产和产业发展。

生猪（牛羊）调出大县奖励资金是指中央财政安排对各省

（区、市）和生猪（牛羊）调出大县给予奖励的财政转移支付资金。奖励资金管理坚持"引导生产、多调多奖、责权对等、注重绩效"的原则。奖励资金包括生猪调出大县奖励资金、牛羊调出大县奖励资金和省级统筹奖励资金。财政部每年根据生猪和牛羊市场形势和产业发展需求，统筹确定分块资金额度。生猪调出大县奖励资金按因素法分配到县。分配因素包括过去三年年均生猪调出量、出栏量和存栏量，因素权重分别为50%、25%、25%。奖励资金对生猪调出大县前500名给予支持。牛羊调出大县奖励资金按因素法分配到县。分配因素包括过去三年年均牛羊调出量、出栏量和存栏量，因素权重分别为50%、25%、25%。奖励资金对牛羊调出大县前100名给予支持。

86. 完善动物防疫补贴的政策有哪些？

2018年年初，农业农村部印发《2018年国家动物疫病强制免疫计划》要求，对高致病性禽流感、口蹄疫、小反刍兽疫、布鲁氏菌病、包虫病，群体免疫密度应常年保持在90%以上，其中应免畜禽免疫密度应达到100%。高致病性禽流感、口蹄疫和小反刍兽疫免疫抗体合格率全年保持在70%以上。对于养殖大户来说，打疫苗防治是一笔不小的费用。而2018年国家规定部分疫苗是有补助领的，并且对符合条件的养殖场户的强制免疫实行"先打后补",逐步实现养殖场户自主采购、财政直补。

(1) 补贴禽畜种类。

口蹄疫:猪、牛、羊、骆驼和鹿等偶蹄动物。

高致病性禽流感:鸡、鸭、鹅、鸽子、鹌鹑等家禽。

小反刍兽疫:羊。

布鲁氏菌病、包虫病:牛、羊等。

(2) 补助范围。

口蹄疫、高致病性禽流感、小反刍兽疫、布鲁氏菌病一类地区,目前包括北京、天津、河北、山西、内蒙古、辽宁(含大连)、吉林、黑龙江、山东(含青岛)、河南、陕西、甘肃、青海、宁夏、新疆和新疆生产建设兵团。

包虫病:包虫病疫区,目前包括内蒙古、四川、西藏、甘肃、青海、宁夏、新疆和新疆生产建设兵团。

补贴金额:根据国家统计局公布的畜禽统计数量和疫苗补助标准等因素,由各省级财政部门根据疫苗实际招标价格和需求数量,结合中央财政安排的疫苗补助资金,据实安排省级财政补助资金。对于需要强制扑杀的禽畜,国家也将予以一定的补贴。平均标准为禽 15 元/羽、猪 800 元/头、奶牛 6000 元/头、肉牛 3000 元/头、羊 500 元/只、马 12000 元/匹。

87. 什么是农业保险政策?

农业保险政策实际上就是政策性农业保险,是以保险公司市场化经营为依托,政府通过保费补贴等政策扶持,对种植业、养殖业因遭受自然灾害和意外事故造成的经济损失提供的直接物化成本保险。政策性农业保险将财政手段与市场机制相对接,创新了政府救灾方式,提高了财政资金使用效益,分散了农业风险,促进了农民收入可持续增长。

88. 政策性保险和商业性农业保险的区别有哪些?

(1) 经营目的不同。政策性农业保险制度是依据政策目标或服从特定的政策规划建立的,而商业性农业保险制度是依据市场或商业目标建立的。政策性农业保险的经营不以盈利为目的,而商业性农业保险的经营则是以盈利为目的。

(2) 发展动力不同。政策性农业保险一般是由政府直接组织经营,或由政府成立的专门机构经营,或在政府财政政策支持下，由保险社（保险公司、保险合作社）经营，而商业性农业保险一般由商业保险公司经营。政策性农业保险产品有部分由政府财政补贴保费，而商业性农业保险产品则完全由投保人自己交纳保费。

（3）盈利能力不同。政策性农业保险经营的项目或出售的保险产品其保险责任较广泛且保险标的的损失概率较大，从而赔付率较高，难以盈利；而商业性农业保险经营的项目或出售的保险产品其保险责任较窄，保险标的的损失概率较小，正常情况下盈利能力较强。

（4）外部性不同。政策性农业保险具有明显的外部性，可以增进社会福利；而商业性农业保险外部性不明显。

（5）强制程度不同。政策性农业保险通常需要事实上的或者有条件的强制，往往通过有关法律法规，将参与农业保险与其他农业优惠政策相联系，从而使政策性农业保险制度具有了某种强制性，而商业性农业保险一般是自愿投保，不具有任何强制性。

89. 政府在农业保险方面有哪些补贴政策？

政策性农业保险是各级政府推进社会主义新农村建设的一项重要举措，中央积极推动发展农村保险事业，健全政策性农业保险制度，加快建立农业再保险和巨灾风险分散机制。逐步扩大了试点险种覆盖范围，农业保险试点品种除了水稻、小麦、油菜、能繁母猪保险外，种植业参保品种增加了棉花、玉米、设施高效农业，养殖业参保品种增加了奶牛，其他项目有农机具保险试点及渔船、渔民保险试点等。对于政策性保险，政府提高了财政补贴标准，另外除政策性农业保险外，2018年中国在200个产粮大县进行农业大灾保险的试点，而且是面向试点地区的全体农户进行补贴，财政支出力度很大。同时，加强自然灾害和重大动植物病虫害预测预报和预警应急体系建设。健全农业再保险体系和建立财政支持的巨灾风险分散机制。近年来中国农业气象灾害呈突发、频发、重发态势，造成的风险远大于普通保险行业，必须通过再保险将巨灾保险分散出去，确保农业保险系统运行安全。目前国家有关部门正在积极建立农业再保险体系，鼓励有条件的公司参与农业再保险，今后还将加强财政支持，通过设立巨灾风险准备金等方式建立巨灾风险分散机制。

90. 农业保险参保标准以及获得赔偿金额是怎样的？

（1）政策性保险种类。种植业包括玉米、水稻、小麦、棉花、马铃薯、油料作物、糖料作物。养殖业包括能繁母猪、奶牛、育肥猪。

（2）水稻政策性保险。

①保险责任。在保险期间，种植的水稻遭遇暴雨、洪水（政府行政蓄洪除外）、内涝、风灾、雹灾、冻灾、旱灾和病虫害等自然灾害造成的损失。

②缴费金额及赔付金额。缴费金额为每造每亩20元。按照政府承担80%、农户承担20%的比例，各级政府需承担16元/亩、农户只需缴纳4元/亩即可。一旦稻田发生保险责任中的任何一项意外而造成损失的，每造每亩可获得赔付400元。

③投保要求。农业企业、国有农场和农民专业合作组织种植水稻面积50亩以上的种粮大户单独投保，种植水稻的农户以行政村为单位进行投保。

④投保流程。第一，参保农户在水稻种植保险、投保分户清单上签字确认；第二，签代扣自付保费委托书；第三，村民委员会集体统一向保险公司投保；第四，保险公司以自然村为单位签发保单；第五，保单、保险凭证发放到自然村、农户。

⑤赔付标准。保险水稻发生保险责任范围内的灾害损失，以农户为单位计算损失率达到20%（含）以上时，保险公司在约定的各个生长期的最高赔付标准内计算赔付。

生长期及每亩最高赔偿标准对照：移栽成活——分蘖期，每亩保险金×40%；拔节期——抽穗期，每亩保险金×70%；扬花灌浆期——成熟期，每亩保险金×100%。

⑥赔付流程。一旦发生保险责任的损失，种植户需电话联系保险公司，及时进行查勘并记录损失情况，在当造水稻收割后7天内确定损失程度并兑现赔款。

第一，农户报案：拨打保险公司电话报案同时报告村民委员会；第二，(自然村)登记、镇农办汇总、县委农办初核；第三，保险公司、县镇农业农村部门、村民委员会、村民代表四方联合查勘定损、记录在案；第四，进行公示后转账支付赔款到户。

(3) 能繁母猪政策性保险。

①投保责任。在保险期内，能繁母猪因为火灾、爆炸、建筑物倒塌等事故，雷电、暴雨、山体滑坡、泥石流等气候灾害，或者是猪丹毒、猪肺疫、猪水泡病等疾病及其强制免疫副反应造成的死亡，可以获得赔付。

②保险缴费金额及赔付金额。保险母猪保险费为60元/头，由于保险费是由政府和养殖户共同承担，养殖户只需要缴纳投保费用的20%即可，即养殖户每头猪只需缴纳12元的保费。能繁母猪发生死亡可获得1000元的赔付。

③投保要求。投保要求指符合投保的能繁母猪，需要符合以下条件：能繁母猪品种必须在当地饲养1年或1年以上；投保时能繁母猪在8月龄及以上、4周岁及以下；能繁母猪存栏量在30头以上的养殖户；管理健全、饲养卫生、能够保证饲养质量；养殖场所在当地洪水水位线以上的非蓄洪、行洪区；能繁母猪经过当地畜牧兽医部门验明无伤残，无保险责任范围内的疾病，营养良好，饲养管理正常；能繁母猪按照所在地县级畜牧防疫部门审定的免疫程序接种并有记录，且必须佩戴国家规定的畜牧标志；投保人应将符合条件的能繁母猪全部投保，不得选择性投保。

④投保流程。第一，乡镇畜牧站向被保险人即养殖户发放防疫证及防疫代码，并打耳标；第二，乡镇畜牧站将投保单和

保险标的投保清单下发给被保险人即养殖户；第三，资料填写、收费、被保险人签字确认，并由畜牧站审核确认投保资料后，录入电子版交由保险公司处理；第四，规模养殖场以场为单位出具保险单，散养户以乡镇（街道）为单位出具保险单；第五，送达正式保单和发票。

⑤赔付流程。一旦保险母猪发生保险事故，养殖户需要第一时间联系承保公司进行查勘、定损和赔付处理，养殖户在查勘现场三日之内持《养殖保险赔付协议书》到乡镇畜牧站盖章并递交到保险公司，审核过后赔付金额将汇入养殖户的指定银行账户。

除了上面所介绍的种植、养殖种类外，在中国的一些特殊农业领域，比如，西藏的农业品种青稞、牦牛以及藏羚羊的种养等也具有参保资格。当然每个省的财政情况不一样，所以实际的参保标准以及获得的赔偿也会有很大的不同。这些需要农户们去咨询当地政府相关部门。

91. 如何购买农业保险？农业保险怎样定损理赔？

目前中央财政保费补贴涵盖种植、养殖、林业三大类15个品种，基本覆盖了主要的大宗农产品。

（1）购买农业保险。在自愿的基础上，以村为单位统一投保,投保单位与承保公司签订保险合同(附参保农户投保明细单,同时提供投保农户身份证号及一卡通账号)。村里没有统一投保的,投保农户与承保公司签订保险合同,投保人应及时缴纳应承担的保费。保险合同须按品种(小麦、玉米、棉花等)签署,保费须按品种缴纳。投保农户不缴费,财政不补贴。保费一般是按照每亩定价收取。

(2)灾害发生后理赔。农户投保的农产品如在合同期内发生了灾害,首先要及时通知所在村协保员或镇"三农"保险服务站,由镇(区)、村协保员把受灾情况核实后报送保险机构;其次要保护好受灾现场,未经保险公司允许,不能随意对灾害现场进行处理;最后由保险机构和政府相关部门联合对受灾情况进行查勘定损,保险公司将根据规定进行理赔公示,无异议后向受灾农户发放赔款。

(3)争议处理。农户或农业生产经营组织与农业保险经办机构因保险事宜发生争议,可通过自行协商解决,也可向当地政策性农业保险工作机构或政府申请调解。如调解无法达成一致,可申请仲裁或向当地人民法院提起诉讼。

92. 国家如何补贴保费?有什么需要注意的问题?

由于各地农业的发展情况和面临的风险各不相同,因此各省农业保险的品种、范围、保费以及赔偿金额都不一样。

需要注意的问题：

（1）投保者在决定投保前，须详细了解保费补贴政策、投保单上的重要提示和保险条款（特别是保险责任、责任免除、被保险人义务等）；同时，投保单必须由投保人亲自填写，集体投保的被保险人要在投保农户清单上签字确认；另外，投保后，必须妥善保管好保险单和发票。

（2）投保者如实填报姓名、保险的作物及面积、身份证号、联系方式、地块位置以及用于领取赔款的资金账号等识别信息。

例如，遇到冰雹灾害导致作物绝收，保险公司该怎么赔付？

冰雹是典型的自然灾害，属于农业保险的保险责任。保险公司目前承保的农业保险实行低保费低保障，一般只保成本。遇到保险事故造成损失时，只赔偿农户的成本，对于种植业保险大概也就是"种子+农药+化肥"。当然，这要看农户当地是怎么投保的，就是每亩的保额是多少，各地都不相同。另外，目前的农业保险都采用保险公司跟地方政府"共保"的模式，也就是保费是当地政府跟保险公司按约定的比例享受了，出险后也要按相同的比例来承担损失。农户的赔偿不只限于保险公司的部分，当地政府也要承担一部分。

93. 什么是农业生态环境补偿制度?

健全农业生态环境补偿制度,是深入贯彻落实乡村振兴战略的具体体现,是加强国家对农业支持保护的制度安排。健全农业生态环境补偿制度,是发达国家的普遍做法。中国虽然是发展中国家,但也要健全农业生态环境补偿制度,这既是中国长远发展的需要,也是履行对世界贸易组织有关农业协议的承诺。从中国国情出发,建立稳定的补偿资金来源渠道,明确补偿环节、补偿主体、补偿标准和补偿办法,形成有效的激励机制,是中国健全农业生态环境补偿制度的基本方针。健全农业生态环境补偿制工作主要包括:

(1) 对耕地保育,建立耕地质量档案,按照土壤肥力的提高幅度给农民合理的补贴,安排专项资金大力推广保护性耕作。

(2) 对水域生态,鼓励推广应用节肥、节药、节水等资源节约型和环境友好型技术;推行农业清洁生产,控制农业面源污染,防止未达标的工业废水排入江河;推行农村垃圾的集中处理,控制农村的点源污染。

(3) 对森林、草原、湿地生态,继续落实退耕还林还草的各项扶持政策。按照政策对公益林的保护给予扶持和支持,加大对森林资源的保护和管理。继续实施草原围栏、人工草地、草地改良、饲草料基地等工程和项目建设,从政策上支持禁牧、休牧、跨区轮牧和牲畜舍饲养。加大对天然湿地保护的资金投入，防止天然湿地继续萎缩和消亡。加强物种资源保护。增加物种资源保护的资金投入力度，强化原位保护、异位保护和专利保护，防止生物物种资源的破坏和流失，保持生物物种多样性。

94. 村级公益事业"一事一议"[①]财政奖补政策的内容有哪些？

村级公益事业"一事一议"财政奖补是政府对村民"一事一议"筹资筹劳开展村级公益事业建设，通过财政奖励或补助的方式进行投入，以逐步建立筹补结合、多方投入的村级公益事业建设的有效机制。"一事一议"财政奖补于2008年在3个省试点，2009年试点扩大到17个省，2010年进一步扩大到27个省。"一事一议"财政奖补资金主要由中央和省级以及有条件的市、县财政安排，按照村民"一事一议"筹资筹劳数额的适当比例给予奖补，同时鼓励各地结合实际，将支农专项资金

---

① "一事一议制度"是指在农村税费改革这项系统工程中，取消了乡统筹和改革村提留后，原由乡统筹和村提留中开支的农田水利基本建设、道路修建、植树造林、农业综合开发有关的土地治理项目和村民认为需要兴办的集体生产生活等其他公益事业项目所需资金，不再固定向农民收取，采取"一事一议"的筹集办法。

和"一事一议"财政奖补资金捆绑使用,以充分发挥财政资金投入效果。奖补范围主要包括:农民直接受益的村内小型水利设施、村内道路、环卫设施、植树造林等公益事业建设,优先解决群众最需要、见效最快的村内道路硬化、村容村貌改造等公益事业建设项目。财政奖补既可以是资金奖励,也可以是实物补助。针对农村税费改革后,农村公益事业发展滞后问题,"一事一议"财政奖补政策推动了户外村内公益事业建设,破解了村级公益事业建设难题,取得了显著成绩,赢得了基层干部和广大群众的一致欢迎,成为一项叫得响、立得住、群众认可的"硬品牌"。2017年,中央财政投入185.7亿元,结合农村改革发展面临的新情况、新形势、新任务,着重加强规范引导,健全奖补机制,不断扩大政策覆盖面。"一事一议"财政奖补机制建设农村、造福群众的服务效能不断提升,这块"金字招牌"更加闪亮,更加深入人心。

95. 为什么要加快发展农村公共事业?

农村公共事业是乡村振兴的重要内容,也是农村发展亟待加强的薄弱环节。长期以来,农村义务教育、医疗卫生、文化建设等社会事业发展和基础设施建设严重滞后,上学难、看病难、饮水难、行路难、养老难等成为影响农村生产、农民生活的"拦路虎"。农村公共事业发展滞后,就不可能有农民生活的全面小康和农村社会的全面进步。尽快改变农村公共事业发展滞后状况,既是广大农民的迫切要求,也是实现乡村振兴的重要任务。推动农村公共事业快速发展、推进城乡基本公共服务均等化是统筹城乡发展、加快形成城乡经济社会发展一体化新格局、构建社会主义和谐社会的必然要求。发展农村公共事业,能够使广大农民学有所教、劳有所得、病有所医、老有所养、住有所居。为此需要做到以下方面:

(1) 繁荣发展农村文化,满足农民日益增长的精神文化需求,提高农民思想道德素质。

(2) 大力发展农村教育,促进教育公平,培育有文化、懂技术、会经营的新型农民。

(3) 巩固和发展新型农村合作医疗制度,完善农村医疗救助制度。

(4) 贯彻广覆盖、保基本、多层次、可持续原则,加快健全农村社会保障体系。建立新型农村社会养老保险制度,探索城乡养老保险制度有效衔接的办法。完善农村最低生活保障制度,全面落实农村五保(保吃、穿、住、医、葬,孤儿为保教等生活保障措施)供养政策。完善农村受灾群众救助制度和社会福利慈善事业。

(5) 加强农村基础设施和环境建设。

(6) 推进农村扶贫开发。完善国家扶贫战略和政策体系,坚持开发式扶贫方针,实现农村最低生活保障制度和扶贫开发政策有效衔接,重点是提高农村贫困人口自我发展能力。

(7) 加强农村防灾减灾能力建设。加强灾害性天气、地质灾害、地震监测预警,提高监测水平,完善处置预案,加强专业力量建设，提高应急救援能力，提高灾害处置能力和农民避灾自救能力。

（8）坚持服务农民、依靠农民，完善农村社会管理体制机制，加强农村社区建设，保持农村社会和谐稳定。

96. 国家对投资农业和农村基础设施建设有哪些政策措施？

为了进一步加快基础设施建设，加快产权制度改革，国家进一步放宽农民和其他个人或企业投资农业和农村基础设施建设的投资领域，明确"谁投资、谁受益"，保护投资人的合法权益不受侵害。同时，对农民和其他个人或企业投资农业和农村基础设施建设在税收上给予减免的优惠待遇，对需要从银行贷款的将通过一定的方式给予利息补贴。政府还通过各级财政的专项资金支持农民、其他个人或企业投资农业和农村基础设施建设。对农民自主兴建，直接受益的小型农田水利、乡村道路等，国家将在一些物质材料方面给予奖励或补助。

97. 什么是新型农村养老保险制度？参保范围都有哪些？

新型农村养老保险制度（简称"新农保"）是国家为每个新农保参保人建立终身记录的养老保险个人账户的一项养老保险制度。个人缴费、集体补助及其他经济组织、社会公益组织、个人对参保人缴费的资助、地方政府对参保人的缴费补贴，全部记入个人账户。新农保的制度创新，最主要有两个方面：一是实行基础养老金和个人账户养老金相结合的养老待遇，政府对基础养老金全额补贴；二是实行个人缴费、集体补助、政府补贴相结合的筹资办法，地方财政对农民缴费实行补贴。

参保范围：年满16周岁（不含在校学生）、未参加城镇职工基本养老保险的农村居民，均可以在户籍地自愿参加新农保。新农保强调以政策的优惠吸引农村适龄居民自愿参保，不搞强迫命令。农村居民如果参加了城镇职工基本养老保险（比如农民工参加城镇职工养老保险），原则上不能参加新农保；农村居民已经参加新农保，又进城务工按规定参加城镇职工基本养老保险的，可以停止缴纳新农保保险费，新农保个人账户予以保留；农村居民因就业和居住等情况变化，在不同阶段参加了多种养老保险的，国家将制定有关衔接政策，保障农村居民的养老保险权益。

98. 新型农村养老保险有哪些规定？

按照中央要求，新型农村养老保险试点于2009年下半年部署实施，并明确了到2020年基本实现对农村适龄居民全覆盖的目标。新型农村养老保险制度按照"保基本、广覆盖、有弹性、可持续"的原则，实行个人缴费、集体补助、政府补贴相结合，社会统筹与个人账户相结合，并与家庭养老、土地保障、社会救助等其他社会保障措施相配套。参保人缴费设每年100～500元5个档次，地方可以根据实际情况增设缴费档次，由参保人自主选择。有条件的集体经济组织民主决定对参保人缴费给予补助。政府对年满60周岁的参保人全额支付新农保基础养老金，目前中央确定的基础养老金标准为每人每月55元，地方政府可以根据实际情况提高基础养老金标准，对长期缴费的可适当加发基础养老金。地方政府对参保人缴费给予补贴，补贴标准不低于每人每年30元，对农村重度残疾人等困难群体代缴部分或全部最低标准保险费，对选择较高档次标准缴费的给予适当鼓励。国家为每个参保人建立终身个人账户，个人缴费、集体补助、其他组织和个人对参保人缴费的资助、地方政府对参保人的缴费补贴全部记入个人账户。养老金待遇由基础养老金和个人账户养老金组成，支付终身。试点地区年满60周岁的农民，只要符合参保条件的子女参保缴费，就可以直接享受最低标准的基础养老金。中央决定将新农保全面推广,受益农民范围进一步扩大。年满60周岁、未享受城镇职工基本养老保险待遇的农村有户籍的老年人,可以按月领取养老金。

新农保制度实施时,已年满60周岁、未享受城镇职工基本养老保险待遇的,不用缴费,可以按月领取基础养老金,但其符合参保条件的子女应当参保缴费;距领取年龄不足15年的,应按年缴费,也允许补缴,累计缴费不超过15年;距领取年龄超过15年的,应按年缴费,累计缴费不少于15年。新农保试点地区,凡已参加了老农保,年满60周岁且已领取老农保养老金的参保人,可直接享受新农保基础养老金;对已参加老农保、未满60周岁且没有领取养老金的参保人,应将老农保个人账户资金并入新农保个人账户,按新农保的缴费标准继续缴费,待符合规定条件时享受相应待遇。新农保养老金待遇由基础养老金和个人账户养老金组成,支付终身。中央确定的试点地区基础养老金标准为每人每月70元,试点地区在此基础上可适当提高基础养老金水平,具体标准和资金由各地自行确定和安排。

99. 新型农村合作医疗制度的主要内容有哪些?

中国人口占世界的22%,但医疗卫生资源仅占世界的2%。同时,主要医疗卫生资源分布在城市地区,城乡差别在医疗卫生方面表现得更为突出。"看病难、看病贵"仍然还是目前中国农村比较普遍的现象。中国的新型农村合作医疗试点工作始于2003年7月，已经覆盖到所有的省（市、区）。积极稳妥推进新型农村合作医疗试点，有利于改善试点地区农民的就医状况，减轻农民的医药费负担，方便农民就医和报销医药费；有利于推动建立和完善农村医疗卫生服务的竞争机制，改善农村医疗机构的设施条件，加强农村医护人员队伍建设。目前的主要任务仍然是扎扎实实试点，积极稳妥推进。要在原有试点工作的基础上，不断调整优化试点工作的方案，完善试点的配套政策和措施。为进一步提高农民医疗保障水平、改善农村民生状况，党中央、国务院决定逐步提高新型农村合作医疗筹资水平、政府补助标准和保障水平。中央这项举措的实施，将进一步提高参合农民医疗保障水平和受益面。

100. 国家对贫困农户有哪些帮扶政策？

党的十一届三中全会以来，虽然中国农村一部分农民开始富裕起来，大部分农民生活明显改善，但还有一部分农民由于缺少劳力、资金、生产技术，或因天灾人祸等原因，尚未摆脱贫困境地。国家对帮助这部分农民发展生产、摆脱贫困、走上富裕道路，给予必要的照顾，还制定了一些优惠政策。国家对贫困农民的优惠政策主要有以下几个方面的规定：

（1）扶贫贷款优先照顾。在同等条件下，对贫困农户扶贫贷款应予优先照顾，自有资金比例可以适当降低，贷款期限可以适当延长。对付不起利息的贫困农户，可用救济款或其他财力贴息补助。

（2）在农村招工时优先录用。根据国家计划和有关规定，国有企业在农村招工时，在同等条件下，应优先录用符合招工条件的贫困农户的青年，乡镇企业招工时应优先吸收他们就业。

（3）邻里亲友相助。要调动集体经济、群众团体和社会的力量，救助贫困户，提倡邻里相帮、亲友相助，共同帮助贫困农民和贫困地区脱贫致富。

101. 什么是农村最低生活保障制度？

2007年，国务院发布了《关于在全国建立农村最低生活保障制度的通知》，指出在全国建立农村最低生活保障制度，是践行"三个代表"重要思想、落实科学发展观和构建社会主义和谐社会的必然要求，是解决农村贫困人口温饱问题的重要举措，也是建立覆盖城乡的社会保障体系的重要内容。做好这一工作，对于促进农村经济社会发展，逐步缩小城乡差距，维护社会公平具有重要意义。该通知指出，建立农村最低生活保障制度的目标是：通过在全国范围建立农村最低生活保障制度，将符合条件的农村贫困人口全部纳入保障范围，稳定、持久、有效地解决全国农村贫困人口的温饱问题。建立农村最低生活保障制度的总体要求是：实行地方人民政府负责制，按属地进行管理。各地要从当地农村经济社会发展水平和财力状况的实际出发，合理确定保障标准和对象范围。同时，要做到制度完善、程序明确、操作规范、方法简便，保证公开、公平、公正。要实行动态管理，做到保障对象有进有出，补助水平有升有降。要与扶贫开发、促进就业以及其他农村社会保障政策、生活性补助措施相衔接，坚持政府救济与家庭赡养扶养、社会互助、个人自立相结合，鼓励和支持有劳动能力的贫困人口生产自救，脱贫致富。

102. 国家向农村转移资源的方式有哪些？

为了维持农村基本生产生活秩序，取消农业税以后，国家开始大规模向农村转移资源，主要有两种资源转移方式。一种是通过一卡通的方式直接发放给农户的资源，最典型的是农业综合补贴。类似的还有农村基本养老保险、新型农村合作医疗补助等等；另一种是通过项目制，由"条条"来直接进行农村基础设施建设，典型如农村土地整理、小型农田水利项目。因为项目制缺少对农民积极性的调动而推出"以奖代补"，允许农民和村集体建设某些项目，项目完成验收以后，由地方财政进行补助。"以奖代补"存在的一个问题是，越是经济条件好、实力强的农村越是有能力获得"以奖代补"项目，因为几乎不可能向农民收取费用，"以奖代补"很容易造成集体经济贫弱以及农村新的债务。"一卡通"和"项目制"的好处是通过国家资源转移增加对农村的资源输入，提高农民共享农村基础设施和应对风险的能力。

103. 政府是怎样进行财政转移支付的？

农村税费改革后，为保障基层政权组织正常运转，对乡镇政府和村级组织出现的收支缺口，要在地方精简机构、削减开支、调整支出结构的基础上，通过中央和省两级财政转移支付的办法给予适当补助，有条件的市（地）一级政府也应安排一定的资金支持这项改革。中央给地方的转移支付资金，按照统一规范、公正合理、公开透明，并适当照顾民族地区的原则，采用规范办法进行分配，不留机动。县、乡两级政府在安排中央和省两级财政转移支付和本级财政支出时，首先用于发放公务员和教师等事业人员工资，保证农村中小学校正常运转所需的公用经费。同时会加强中央转移支付资金使用的监督管理，防止截留挪用。对截留挪用转移支付资金，以及继续搞"三乱"（乱收费、乱集资、乱罚款）加重农民负担的有关责任人员和上级主要负责人，要坚决给予纪律处分，中央财政还将相应扣减该地区下一年度的转移支付资金。

第六章 提高农村贫困人口收入

农民增收减负百问百答

104. 什么是贫困人口?

贫困人口以户为单位进行认定,以户年人均纯收入为基本依据,统筹考虑义务教育、基本医疗、住房、饮水等实际情况。国标贫困人口以现行国家扶贫标准为认定标准,省标贫困人口以现行省定扶贫标准为认定标准。

贫困线,是在一定的时间、空间和社会发展阶段的条件下,维持人们的基本生存所必需消费的物品和服务的最低费用,贫困线又叫贫困标准。世界银行 2015 年 10 月初宣布,按照购买力平价计算,将国际贫困线标准从此前的每人每天生活支出 1.25 美元上调至 1.9 美元。

中国 2015 年农村贫困线标准约为 2800 元(人均年纯收入),2016 年农村贫困线标准约为 3000 元,2017 年农村贫困线标准约为 3300 元,2018 年农村贫困线标准约为 3500 元。

105. 政府推动产业扶贫有哪些措施?

(1)统筹规划发展特色产业。各级政府要根据自己的地理优势、资源禀赋,统筹规划发展适宜的特色产业,不能只考虑眼前利益,觉得什么项目挣钱就开展什么项目。在项目实施前一定要进行充分的调研,进行本量利分析,结合本地优势和市场需求发展扶贫产业。在产业发展过程中,尽量实现规模化,利用产业规模化实现规模收益。

(2)加强龙头企业的发展。在精准扶贫过程中,龙头企业发挥着重要的作用。贫困地区基本上都有自己的龙头企业。政府对龙头企业从政策、资金和技术上给予一定程度的优惠,加强龙头企业的发展,通过龙头企业的健康发展,带动当地经济增长,促进贫困户增收。鼓励龙头企业与贫困户合作,利用龙头企业为贫困户提供统一种源、统一技术、统一收购、统一加工和统一销售,利用高品质的产品、优质的产品品牌,带动更多贫困人口走向富裕之路。

(3)精准特色扶贫产业。目前,一些贫困县已经脱贫摘帽,扶贫产业也有了一定的发展。但是,有的扶贫产业并不是当地特色优势产业,虽然这些产业在贫困户脱贫过程中发挥了重要作用,但随着技术的发展,优势越来越不明显,这就要求各贫困县发展扶贫产业一定要精准,一定要选择适合当地的、有竞争力的特色产业。

(4)创新产品品种。在科学技术日新月异的今天,利用科学技术助推扶贫产业的发展,一些肩扛手搬的工作都交由机器人去做,可以节省大量的劳动力,创造出更多的收益。利用科学技术培育农业新产品,有了更高产、抗虫性更高的产品,减少了农药的用量,生产出更多的绿色产品,在减少环境污染的同时,也带来了更高的效益。

（5）开展智力扶贫。确定扶贫产业后，要把智力投入放在首位，坚持扶贫先扶智。通过对农户技术培训指导、创业支持和跟踪服务，全面提高贫困户知识水平，提升他们发展产业的能力，达到增收致富的目的。从科研机构、高校抽调专业人士组成专家团队，争取每个扶贫产业都有一支工作团队和一支专家团队，带动扶贫产业健康良好发展。

（6）增加资金投入力度。扶贫产业的发展离不开资金的支持，资金不足，扶贫产业难以顺利发展，扶贫也就是一句空话。通过为贫困户解决产业发展所需的资金问题，解决他们发展产业的瓶颈，进而促进扶贫产业顺利进行，扶贫效益显著增加。首先，政府增加产业扶贫资金投入；其次，降低金融机构贷款门槛；最后，利用社会资金发展扶贫产业，多途径、多渠道筹措资金，保证产业发展所需资金。

106. 贫困户如何利用旅游扶贫措施提高收入？

（1）整合乡土文化元素，推进可持续旅游扶贫。发展乡村全域旅游来实现旅游脱贫，要有效整合乡村区域内所有资源。旅游资源单体在乡村，这为旅游扶贫提供了良好的条件。乡村旅游扶贫区应以发展休闲、生态、民俗等特色乡村旅游为重点，推进旅游扶贫可持续发展，实现脱贫而不返贫。一是依托景区、交通便利的村落，打破对假日经济的依赖，通过多种交通方式如马车、小火车、观光电瓶车等将村落和景区进行全区域串联，辅以多样的住宿业态、多元化的活动项目、多彩的夜间旅游产品构建景村融合一体的全方位乡村旅游。二是对基础设施薄弱、交通不便利的村落，将保持较完好的自然生态及纯朴民风，加入乡土文化元素进行重新整合，开发差异化的文创衍生品，形成稳定持续的产业化发展。

（2）创新旅游扶贫模式，实现全民共建共享。地处大别山、伏牛山、黄河滩区的贫困山区可以紧抓乡村振兴战略实施的契机，利用当地自然资源优势，如草地、岩石、古树、溪流等，实施"政府＋公司＋协会＋农户"四位一体的旅游扶贫新模式，即政府作旅游扶贫的引导者，负责全域旅游理念下的乡村旅游扶贫专项规划制定；旅游企业负责投融资、市场化运作和营销；当地有声望的能人组成协会参与乡村旅游发展决策，协调公司与农户的利益分配；农户负责住宿、餐饮、演艺活动等基本日常运营，真正实现全域旅游的全民参与、收益共享。

（3）丰富乡村旅游业态，扩展乡村旅游产业链。旅游扶贫强调多元化产业发展之路，突出旅游业的强关联性优势。发展乡村旅游要做到全产业联动，就要先满足旅游需求，再配套旅游产品。一方面，引导规模小、档次低的从业者从"吃""住"向"游""购""娱"等转变；另一方面，找到当地乡土性最核心的东西，如饮食、节日、手工艺等最突出的主题，以产业融合旅游为切入点，实行旅游扶贫区域内差异化发展，诸如"农业观光类""民俗文化体验类""民宿农庄类""乡村度假类"等不同旅游业态和产品，打造乡村全域旅游的全产业链。

107. 贫困户如何利用光伏扶贫措施提高收入？

（1）强化党建统领。坚持党的领导、加强党的建设融入光伏扶贫全过程。

①党委把握方向。成立由公司主要负责人任组长的扶贫攻坚领导小组，公司党委召开会议专题研究，与党委政府协调确村确址、青苗赔偿等影响工程建设的相关事项，确保接网工作有力有序推进。

②支部夯实堡垒。县公司党支部全面参与接网工程建设监督管理工作，宣传扶贫政策，提升协调效率。建立阳光扶贫共产党员服务队进行报装、建设、接网、运维等技术指导，充分展示国家电网品牌形象。

（2）深化内外协同。充分调动各方资源，相互服务、增进信任、合作共赢，凝聚"政企民"扶贫合力。

①打造政企"一条船"。成立省公司主要领导任组长、各政府职能部门主任为成员的电力扶贫领导小组，统筹推进扶贫工作。地方政府召开专题推进会议出面解决所有建设协调、青赔扫障等障碍。

②架起企民"连心桥"。宣传光伏扶贫建设的意义，建立与群众互相支持、友好相处的良好关系。推行居民客户申请免填单、"一证受理"、上门报装等新模式，接网工作全部在村民

家门口完成。

③强化内部"一盘棋"。深度介入光伏电站项目规划和建设方案编制,预估预安排采购计划,综合利用厂家供库、协议库存、储备定额及供应商寄存联合储备等方式。集团化施工,采用不停电作业、分段施工、联合施工等集团化作业方法,提升工程建设效率。

(3) 抓牢关键环节。克服连续作战压力,实现"进度、质量、安全"的全面管控。

①精准管控进度。对电站按"光伏电站"最小单元进度管理,实施挂图作战,人员、物资、进度全过程可视化,实现"电站主体完成一座、接网投运一座"。

②标准提升质量。制定产权分界点安全责任、光伏并网调试大纲、防误合等管理制度、工艺标准。

③责任保障安全。成立省市专项督导组和安全纠察队,县公司负责人分片包干、靠前督导,全程参与工程安全管控。

(4) 建立长效机制。①建立延伸服务机制。发挥共产党员服务队作用,对光伏扶贫电站日常运维工作提供技术指导,协助开展电力设施日常维护、应急保电及技术指导等服务。

②建立队伍成长机制。加强"全能型"乡镇供电所建设,开展供电所员工业务培训,就光伏电站并网验收、分布式计量表运维等进行针对性教学实操,持续提升供电所光伏服务水平。

108. 政府有哪些健康扶贫措施能降低贫困户生活成本？

（1）政府积极配合。首先，各部门加强沟通。卫生健康部门和扶贫开发领导小组办公室负责统筹和协调各部门的实施工作，制定具体的实施方案和考核办法，定期组织考核评估，全面落实各项医保政策，督促各级医疗机构规范医疗服务行为，提高医疗服务质量。扶贫开发领导小组办公室和民政部门要严格审核医疗保障扶贫对象的资格，按照相关要求做好贫困人口医疗保障对象的身份认定、证件发放、信息录入等相关工作，及时提供有关的资料，方便快捷落实各项保障待遇，制定完善的医疗救助政策。人力资源和社会保障部要加强资金监督管理，严控资金风险，定期分析资金使用情况，确保资金安全运行，落实基层医疗单位空岗补员及全科医生特岗计划等工作。其次，明确政府与市场的边界。应坚持政府的宏观政策指导与市场运作优势机制相结合，调动和整合各方面的力量与资源，一方面积极争取财政资源的支持，另一方面尊重市场经济制度的优势，各尽所能，充分发挥各自的优势，构建社会医疗保险与商业健康保险相互配合、相互补充、共同发展的医疗保障模式。因此，要明确政府和市场各自的边界和责任，政府扮演好政策制定和宏观监督者的角色，针对全年性的大病医疗保险工作的内容开展年度考核，市场机制要充分发挥调节作用，盘活的商业健康保险补充基本医疗保险。

（2）商保公司展现多元魅力。首先，商业保险公司可以保证基金运作安全。商业保险公司具有较强的基金管理能力和保值增值的功能，把基本医疗保险与商业保险相结合，可以充分发挥保险公司专业化的服务、风险管控等优势，将社会保险基金由商业保险公司进行市场化运作，以提高基金保值增值效率，有效应对通货膨胀的风险。其次，管办分离，提高管理效率。政府部门进行宏观管理，做好宏观政策的调控者角色，可以管政策的执行、管制度的设计、管标准的规划，但不参加具体经办业务和资金管理。管办分离的机制，一方面使得政府从繁杂的补偿结报业务中解脱出来，减轻政府工作压力，节约政府开支；另一方面有利于提高政府管理效率和增强市场多元魅力。最后，实行联合办公。政府与商保公司在操作大病保险实践的具体事宜时，需要单独为经办机构开设自己的窗口，办公地点也要统一；运用网络数据平台，建立一站式服务窗口和结算平台，让参保人员清楚地明确自己的费用、报销情况，做到数据公开、效率公平；坚持信息的共享，打破各阶段的信息壁垒，提高信息共享服务水平，从而不断提高医疗服务的效率和水平。

（3）公民成就健康管理。大力宣传自我健康管理的重要性和大病带来风险的灾难性，大力进行健康生活方式的教育和宣传。一方面，要注重平时自我身心调理和养成健康良好的心态，注重缓解自身的工作压力和人际交往压力，优化自身的整体机能，把健康管理作为自己人生的一种目标，每个人都树立起健康管理的意识；另一方面，要按时进行健康科学的体检，提前进行疾病风险的预测和评估，减少和降低疾病引发的贫困。坚持预防为主，而不是当疾病发生之后再进行治疗，积极对影响健康状况的危险因素进行全面检测、评估和干预。

109. 贫困户如何利用金融扶贫？

在贫困地区要围绕"精准"进行工作。一是对贫困户"精准"实施建档授信评级工作，满足贫困户发展产业资金需求。信用社对建档立卡贫困户进行全面调查，掌握贫困户产业脱贫中的资金需求，建立基本信息档案，并全部进行评级授信。对建档立卡贫困户单独建档管理，在贷款条件、额度、利率等方面给予优惠。依托信贷产品，采取"一次核定、随用随贷、余额控制、周转使用、动态调整"的管理模式，对评级授信的贫困户签订相关贷款手续后全部发放富民卡，使农户持有富民卡在营业网点柜台随时办理贷款。二是以"杠杆式"扶贫贷款业务产品为依托，加大对贫困户"精准"扶持力度。农村信用社与扶贫开发领导小组办公室、畜牧局合作，设立担保基金专户，加大对贫困户发展养殖业、家庭农场等信贷支持力度。同时，对"杠杆式"扶贫贷款执行优惠政策，实行按年结息。三是优化扶贫贷款品种，拓展"精准"扶贫路径。农村信用社与就业服务管理局、妇女联合会等部门合作，针对自主创业的贫困户发放扶贫贴息贷款，这样既解决了资金需求，又为贫困户降低了融资成本。在贷款发放模式及流程上进一步简化,在贷款额度上根据经营项目的资金需求适度放宽。四是建立贫困户与企业之间利益联结机制,通过扶持小微企业达到间接"精准"扶持贫困户的目的。农村信用社以信贷产品为依托,优先支持符合国家产业政策和环保政策、具有发展潜力、有市场前景、能够解决贫困户就业的小微企业,重点加大新型农牧业经营主体支持力度,增加贫困户在务工、土地出租、土地入股、参加种植等方面的收入。五是全力打造助农金融服务点,"精准"解决贫困户金融服务"最后一公里"。设立助农金融服务点,逐步升级和完善助农金融服务点功能,将传统POS(销售终端)升级为智能云POS,实现为客户提供银行卡小额取款、余额查询、转账汇款、刷卡消费、信用卡还款、贷款查询与还款、利息试算等基础金融服务功能,并为客户提供便民缴费服务功能。

110. 政府推广金融扶贫有哪些措施?

(1)做好政策的宣传,大力营造脱贫攻坚的氛围。通过宣传大力营造全社会关注扶贫、支持扶贫、参与扶贫的氛围,大兴友善互爱、守望相助的社会风尚,完善"人人皆愿为、人人皆可为、人人皆能为"的社会扶贫参与机制,形成全社会广泛参与脱贫攻坚的合力。

(2)引导和鼓励金融机构承担社会责任,解决好贫困户扶贫资金不足的问题。金融机构要充分利用好中央银行货币政策工具，发挥支农再贷款、差别存款准备金率、差别化监管政策等工具的正向激励作用，鼓励金融资源向贫困地区倾斜。深入开展农户特别是贫困户的授信力度，提高授信额度，简化授信程序，培养他们的信用意识、金融素养和风险识别能力。积极向贫困地区延伸服务网点，实现金融服务的全覆盖，并通过重点支持涉农龙头企业、专业合作社、家庭农场、专业大户等新兴涉农经营主体，带动贫困人口就业创业，提供更多的就业创业机会。

（3）创新结对共建扶贫机制，解决好贫困户"谁来帮"的问题，使贫困户有归属感。完善旗县一级单位与贫困村结对共建机制，明确各部门的帮扶责任，把每一户贫困户落实到帮扶单位的每一个人，从行政村的实际出发，摸清情况、定准思路、找准项目、结对共建，发挥帮扶单位的专业、人才、技术、资金等优势，实现贫困村按期脱贫目标。

（4）创新金融扶贫模式，充分利用好国家脱贫攻坚政策。积极稳妥地推进农村"两权"抵押贷款试点，完善农村生产要素确权、登记、评估市场，鼓励将法律不禁止、产权归属明晰的农村集体房屋、土地等不动产、机器设备等农村年资产纳入担保品范围，有效扩大农村企业、农户的抵押品范围。推行"企业（合作社）+金融贷款+贫困户"产业扶贫模式，探索"互联网+"扶贫模式，搭建农村和城市消费者之间的链接平台，把贫困户产出的土特产品推介出去，并实现产品的增值，从而促进当地的经济发展，提高贫困户的收入。

111. 政府是如何推动教育扶贫进程的？

（1）由点及面，充分发挥文明校园辐射带动作用。文明校园作为精神文明建设的排头兵，要主动承担社会责任，帮助带动更多的学校特别是农村贫困地区学校的建设发展，使各级学校都成为培养中国特色社会主义事业合格建设者和可靠接班人的重要阵地。通过结对共建、志愿服务等多种方式，为更多贫困地区的孩子送去优质资源、创造成才机会。

（2）着眼全局，积极为乡村振兴培养生力军。党的十九大从实现"两个一百年"奋斗目标大局出发，提出实施乡村振兴战略。乡村全面振兴需要物质文明和精神文明一起抓，大力提升农民思想文化素质和乡村社会文明程度，大力培育新型职业农民、培养农村专业人才和文化能人。开展教育扶贫，要着眼培养乡村振兴的生力军，着力提高农村未成年人思想道德品质和综合素质能力，激发他们热爱家乡、建设家乡、报效国家的热情，使他们长大后为社会主义新农村建设贡献重要力量。

（3）整合资源，不断壮大教育扶贫工作队伍。开展教育扶贫，要发挥学校积极作用，同时还要调动各方面支持参与。要加强统筹协调、深化部门合作、推动资源整合。要积极利用各级文明单位以及城市青少年宫、科技馆、图书馆、文化馆等公共文化单位的人才优势、资源优势，注重发挥退休老教师、退役运动员、民间艺人、非物质文化遗产传承人等群体的特殊作用，积极发挥乡村学校少年宫的平台功能，汇聚各方力量，共助扶贫攻坚。

112. 政府推进教育扶贫攻坚有哪些政策？

（1）深入实施教育扶贫重大工程项目。连续实施了三期学前教育行动计划，全国学前三年毛入园率达79.6%。全面改善贫困地区农村义务教育薄弱学校基本办学条件，832个贫困县已基本完成建设任务。实施农村义务教育学生营养改善计划，覆盖所有国家级贫困县，让3700万名农村学生受益，营养健康状况得到显著改善，身体素质明显提升，营养改善计划试点地区男、女生各年龄段的平均身高、体重均有不同程度的增长。实施消除义务教育大班额计划，截至2018年10月底，义务教育大班额、超大班额数量比2017年分别减少了18.9%和48.7%，为近10年最大降幅。

实施乡村教师支持计划，"国培计划"（中小学教师国家级培训计划）累计培训乡村教师和校园长540万余人次。实施农村教师特岗计划，全国28万名农村特岗教师活跃在中西部22个省（区）1000多个县3万多所农村学校（村小、教学点）。有28个省份通过在学免费、学费补偿和国家贷款代偿等方式，每年吸引4.1万名高校毕业生直接到农村中小学任教。集中连片特困地区乡村教师生活补助实现全覆盖,有效缓解了贫困地区教师"下不来、留不住、教不好"的问题。启动实施"银龄讲学计划"。2018—2020年,计划招募1万名优秀退休校长、教研员、特级教师、高级教师等到农村义务教育学校讲学,发挥优秀退休教师引领示范作用,促进城乡义务教育均衡发展。

(2)着力推动精准到人的学生资助体系。学前教育对家庭经济困难儿童、孤儿和残疾儿童予以资助,义务教育实施"两免一补"(免杂费、免书本费,逐步补助寄宿生生活费)政策,普通高中率先免除建档立卡等家庭经济困难学生学杂费,中等职业教育对所有农村学生、城市涉农专业学生和家庭经济困难学生免除学费,高中阶段教育设立国家助学金,高等教育实施国家奖助学金、国家助学贷款学费补偿贷款代偿、勤工助学等多种资助方式。

(3)推动落实教育扶贫倾斜政策。持续实施定向招生专项计划,2012年起所有"211工程"高校和中央部属高校安排专门计划,面向贫困县累计招生37万人,2018年专项计划共录取农村和贫困地区学生10.38万人。持续推进订单定向医学生免费培养工作,2018年为中西部乡镇卫生院安排订单定向免费五年制本科医学生培养计划6483人。支持贫困地区少数民族优秀人才培养,2018年下达少数民族高层次骨干人才培养计划等各类内地民族班招生计划共计8万余名。实施职业教育东西协作行动,学历教育和技能培训双管齐下,帮助建档立卡贫困人口实现就业脱贫,2017年跨省招生30余万人。

(4)积极探索定点扶贫路径。教育部组织动员44所部属高校承担44个国家级贫困县定点扶贫任务,发挥高校优势,找准贫困地区需求与学校优势的结合点,帮助贫困地区。为建立健全教育扶贫制度体系,教育部成立以陈宝生部长为组长的教育部脱贫攻坚领导小组。以教育扶贫工程为引领,先后制定出台了教育部等七部门《关于实施教育扶贫工程的意见》《国家贫困地区儿童发展规划(2014—2020年)》《教育脱贫攻坚"十三五"规划》《职业教育东西协作行动计划(2016—2020年)》《推普脱贫攻坚行动计划(2018—2020)》《深度贫困地区教育脱贫攻坚实施方案(2018—2020年)》等政策性文件,明确了打赢教育脱贫攻坚战路线图和时间表。

113. 思想扶贫、舆论扶贫、精神扶贫、文化扶贫四大行动,贫困户如何配合宣传思想文化工作?

(1)深入开展"思想扶贫"工作。要坚持"扶贫先扶志,治穷先治本"的方针,教育和引导各族群众切实解决内在思想观念上的贫困。宣传思想文化工作是做人的工作。深入开展"思想扶贫"行动,推动贫困地区贫困群众的思想大解放是宣传思想文化战线义不容辞的责任。一是要鼓舞其志气。要结合党的十八届五中全会和党的十九大精神进行宣讲活动,深入贫困地区和贫困户家中,耐心细致地宣讲好国家扶贫方针政策,阐释好党委、政府的扶贫战略和决心,鼓舞群众脱贫奔小康的志气。二是要转变其观念。要从解决群众最关心、最现实的利益问题入手,引导大家消除因循守旧、不思进取、懒惰依赖、安于现状,重义轻利、重农轻商等落后思想,特别要使其尽快克服"等靠要"心理。三是要激励其信心。要有针对性地与困难群众商议脱贫对策,引导大家认清自身虽在经济发展上处于劣势,但在生态发展、特色农业、传统文化等方面拥有诸多优势;要激励大家"不怕困难、艰苦奋斗、攻坚克难、永不退缩",不能"守着金饭碗讨饭",要变资源优势为经济优势,早日搭上与全国同步奔小康的幸福快车。

(2)深入开展"舆论扶贫"行动。一是加大政策宣传。要加大对党的十八届五中全会、中央扶贫开发工作会议、习近平总书记系列重要讲话特别是视察贵州时的重要讲话精神的宣传,全面、系统、及时地宣传报道好党和国家有关扶贫开发工作的一系列方针、政策,让基层群众知晓贵州大扶贫的目标、任务和措施,切实增强脱贫的信心和决心。二是开展主题宣传。充分利用主流媒体、传统媒体和微博、微信、手机客户端等新兴媒体,精心组织策划系列采访报道活动,使"舆论扶贫"工作更好地与党委、政府大扶贫战略的工作重点"合拍""对点"。要全方位、多角度、多形式地宣传报道大扶贫的做法成效、典型人物和先进事迹,构建大扶贫工作的"大宣传"格局。三是加大社会宣传。要通过山歌、快板、花灯调等群众喜闻乐见的形式进行社会宣传,使精准扶贫工作的相关政策家喻户晓,引导全社会关心扶贫事业、关爱困难群体,广泛传递扶贫正能量,鼓舞干部群众树立脱贫的决心与信心,为大扶贫工作营造良好的社会氛围。

(3)深入开展"精神扶贫"行动。作为宣传思想文化战线来说，要通过开展"精神扶贫"行动，激发群众的内生动力，更好地调动广大干部群众的积极性和创造性，去战胜艰辛和困难，实现精准扶贫、精准脱贫。一是要加强教育引导。积极开展"两遍访"（遍访贫困村、贫困户）工作，采取一对一、多对一的方式，深入群众家中，摸清贫困底数、分析致贫原因、制定脱贫举措，教育引导贫困群众弘扬勤劳勤俭、追求奋进等精神，树立脱贫的信心和勇气。二是要加强典型示范。要通过挖掘群众身边的发家致富先进典型，通过"身边人讲身边事、身边人讲自己事、身边事教育身边人"的形式，让群众看得见、摸得着、学得到，引导和启发广大群众克服安于现状、消极无为等自卑心理，消除"等靠要"思想和"慵懒散"陋习。三是要加强价值引领。积极开展"道德讲堂"进农村活动，组织开展"文明户""五好家庭""平民模范"评选等活动，积极倡导社会公德、家庭美德、个人品德，坚决制止聚众赌博、封建迷信等现象，在广大农村营造"勤劳光荣、懒惰可耻"的浓厚氛围。

（4）深入开展"文化扶贫"行动。深入推进大扶贫战略，不仅要扶物质，也要扶精神，更要扶文化。作为宣传思想文化战线来说，必须牢固树立以人民群众为中心的工作导向，坚持以社会主义核心价值观为引领，深入开展"文化扶贫"行动，切实从文化层面为大扶贫战略助力添彩。一是加快构建基层现代公共文化服务体系。要深入贯彻落实中央《关于加快构建现代公共文化服务体系的意见》等政策文件精神，统筹城乡和区域文化均等化发展，组织实施农村数字电影放映进村、广播电视户户通、互联网进村入户等工程，加大农家书屋、"乡村舞台"、"欢乐院坝"、村级文化广场、电子阅览室建设力度，不断夯实基层文化阵地。二是大力弘扬本土文化。要加强对传统文化的传承和保护，加强对非遗传承人、民间艺人的挖掘和培训力度。充分挖掘整理丰富多彩的红色文化、农耕文化、传统文化，创作一批有特色、接地气的文艺节目，充分激发文化自信，丰富群众精神文化生活。三是要积极开展系列文化活动。要依托"三下乡"等活动平台，开展政策咨询、科技培训、文艺展演、电影放映、送图书等文化惠民服务活动；组织广大文艺工作者送戏下乡、送知识下乡，指导基层农村组建文艺队伍，开展文艺活动，不断激发各族群众致富奔小康的激情，形成合力攻坚、精准脱贫的生动局面。

114. 政府推进生态扶贫有哪些措施？

要充分发挥林业草原行业优势，聚焦深度贫困地区和特殊贫困群体，着力推进生态补偿扶贫、国土绿化扶贫、生态产业扶贫三项举措，着力加强定点帮扶，全力做好林业草原生态扶贫工作，为坚决打赢脱贫攻坚战作出更大贡献。要着力推进生态补偿扶贫。完善公益林补偿、草原生态保护补奖政策，支持开展湿地保护与恢复、湿地生态效益补偿，使深度贫困地区和特殊贫困群体获得更多补助性收入。探索天然林、公益林托管模式，鼓励国家公园、自然保护区、国有林场、森林、湿地、沙漠、地质公园等开放公益岗位,吸纳贫困人口参与管护和服务。新增生态护林员、草管员岗位。

加快实施林业草原重点生态修复工程建设,实现生态恢复和脱贫攻坚齐头并进。要抓紧建立国土绿化任务分配机制,确保将生态修复任务优先向造林、草业合作社安排。鼓励合作社帮助带动贫困人口积极投身造林种草和抚育管护等劳动,稳定增收不返贫。鼓励引导国家级龙头企业与贫困县合作创建绿色产品品牌、优势产品生产基地,促进产业提质增效。支持贫困地区创建一批国家林下经济示范基地。并在贫困地区打造精品森林旅游地、精品森林旅游线路、森林体验和森林养生试点基地等。

115. 政府加强扶贫工作进度有哪些措施?

(1)配强选优扶贫队伍。坚持发挥党员领导干部的示范带头作用,以镇党政班子成员为主体,为全镇明确1~2位包村负责人,直接到村指导开展扶贫攻坚工作。在农村党员中选拔一批肯干事、能成事、不出事的党员同志加入到扶贫队伍中。

(2)建强驻村工作队。注重发挥党员干部的先锋模范作用,以镇机关事业单位党员同志为主体,建立派驻驻村工作队,到村帮助开展扶贫攻坚工作。各驻村工作队配合村级"两委"(村民委员会、村党支部委员会)班子,全过程参与村级扶贫攻坚，带头开展全覆盖走访调研，坚持"认真"二字，逐项对扶贫手册内容进行填写审核，着力做好对贫困户的精准识别工作。

（3）落实帮扶责任人。明确各村党组织书记为扶贫攻坚第一责任人，以健全完善精准扶贫"四项清单"为契机，在责任清单中挑选政治素质过硬、宗旨意识较强的基层党员干部作为精准扶贫帮扶直接责任人，确保责任落实到人、落实到位。结合贫困户不同情况，由帮扶责任人牵头逐户进行分析研判，制定落实种植业、养殖业和引导务工等帮扶措施，全面做到精准施策、精准扶贫。

116. 政府完善扶贫搬迁工作有哪些措施？

（1）进一步加强扶贫搬迁工作。《中国农村扶贫开发纲要（2011—2020年)》指出、贫困农户的基本生产生活条件难有质的变化，已经解决温饱问题的贫困人口还存在很大的脆弱性，容易重新返回到贫困状态，需要一而再、再而三地接受帮扶。这也从一个角度说明，应加快推进扶贫搬迁工作。虽然在20世纪80年代中国就实施了扶贫搬迁政策（当时叫异地开发、移民到户），但是有些地方明显重视不够。扶贫搬迁工作没有统一的规划，缺少有力的政策支持，没有足够的投入，没有将有限的人力、物力、财力集中使用，分散了效能。党中央和国务院高度重视扶贫搬迁工作。2015年,党中央决定用5年时间对生活在"一方水土养不起一方人"地区约1000万建档立卡贫困人口实施易地扶贫搬迁。习近平总书记在2018年新年贺词中强调指出:"340万贫困人口实现易地扶贫搬迁。""各项民生事业加快发展,生态环境逐步改善,人民群众有了更多获得感、幸福感、安全感。"全国易地扶贫搬迁现场会2017年9月16—17日在四川省达州市召开。中共中央政治局常委、国务院总理李克强还作出重要批示。因此,各地要积极响应党中央和国务院的号召,把扶贫搬迁工作坚定不移地推进下去。

(2) 大力开展技能培训和就业指导工作。由于农民致富缺少劳动技能和信息来源支撑,所以一方面要加大免费技能培训力度,让无论是搬下来的农民还是未搬下来的农民均掌握一技之长,拥有生存的技能和吃饭的手段,特别是要让农民学会使用互联网,提高获取信息的能力;另一方面,要加强就业指导工作,为农民提供市场供求信息,让搬下来的农民能够就业,并利用手中的资源如土地等增收,实现"搬得出、稳得住、能致富"的目标,还要让留在农村的农民掌握养殖、种植技术和特色旅游等多种经营方法,扩大收入来源,逐步实现自己为自己脱贫致富。实际上,很多时候是信息不对称,有的地方需要劳动力,有的劳动力找不到工作。为此,应加强相关部门的力量,明确相关部门的职能,使这项工作能够切实落到实处。

(3) 不断完善农村社会保障体系。扶贫对象是有特定含义的,是指在扶贫标准以下具有劳动能力的农村人口,但农村也有一些因疾病、残疾、灾祸等造成贫困的特殊困难群体,这部分人属社会救济对象,需采取特殊政策。对深度扶贫对象和特殊困难群体,应不断完善社会保障体系建设。具体措施:一是提高农村最低生活保障和五保供养水平,使没有劳动能力和生活常年困难的农民有基本的生活保障。二是建立健全新型农村合作医疗保险和养老保险制度,提高报销比例;同时还要建设农村养老机构和服务设施,解决农村老年人养老问题。

117. 政府推进危房改造工作有哪些措施?

(1)按需施建、因地制宜,推进农村经济发展。本着"先规划、后建设"的原则,把农村危房改造与城镇化、村庄整治、扶贫开发、移民搬迁的新农村建设相结合,与乡村规划和环境整治相结合,与防灾避险相结合,与公共基础设施布局、农业产业结构调整等相衔接,与产业开发和旅游开发相结合。通过对农村危房的拆除、新建、加固,加快小城镇、农村新型社区的建设,加大社会公共服务覆盖面,从根本上改善农村的生活条件,缩小城乡差距,逐步实现城乡一体化。

(2)严格执行建设标准,抓好建房质量。一是建设部门要先行设计出多种户型方案,引导、帮助群众建造减灾抗灾能力强、功能合理、样式美观、造价适中、具有民族和地方特色的房屋。在项目实施中,要严把工程质量关,农村危房改造要执行最低建设要求,改造后的住房须建筑面积适当、主要部件合格、房屋结构安全和基本功能齐全。要建立质量、安全巡查机制,定期、不定期深入危改户进行检查和技术指导,保证按照标准进行建设。对于未设置抗震结构的住房,不予验收,不予拨付资金。二是示范推广节能技术,为农户节约资金。例如,为提高农房保温性,可采用符合农房结构的保温设计,优化采暖方式,提倡使用草砖、水泥空心砌块、多孔砖和太阳能灶、沼气池,节约能耗,降低建房和使用成本。

(3)实行公平公正的民主评选方式,采用科学的农村危房鉴定标准。为落实农村危房改造政策,应实行公平公正的民主选拔方法,严格执行"农民自愿申请、村民委员会民主评议认定补贴对象"的程序。具体做法是:开展项目宣传,让村民明白补贴标准、选择程序、申请事项,使符合条件的农民能够提交申请;除了调查家庭成员的收入、支出和存款外,对符合标准的农民,还应采用科学的农村危房鉴定标准检查他们的住房状况,以确定补贴对象;在此基础上,还必须通过村民会议选举,建立三级公告制度,并在各级政务公开栏目和网站上公布补贴对象的基本信息和各考核环节的结果;经过审查,乡镇民政部门、县政府有关部门审查记录,最终确定补贴目标。

(4)拓宽资金融入渠道,加大资金监管力度。经济因素已成为制约农民改善住房条件的瓶颈。资金的合理使用是农村危房建设的良好保障。针对当前农村危房改造资金缺乏、资金浪费的问题,应采取分类救济措施,拓宽资金整合渠道,加强资金监督,使资金有效运用于农村危房建设,改善农村生活环境。划分救援对象的类别,界定救助的基本顺序。首先给出最危险、最困难的经济困难家庭,并进一步实施分类和救援模式,以促进农村危房重建资金向真正的贫困家庭倾斜,从而确保最弱势家庭能够实现危房重建。努力解决建设资金不足的问题。建立立体化基金管理体系,坚持专项资金的原则,全面支持和约束资金管理工作。根据项目的实际情况,从各个方面控制资金的使用,避免虚报资金、项目、挪用公款等情况,使资金真正用于农村危房改造。应坚持专项资金原则,严格禁止将资金用于其他项目,避免挪用农村危房改造项目资金。

118. 贫困户如何提高创业技能?

(1)构建政府、企业和贫困者"三轮联动"的就业扶贫模式。在对农村地区开展就业扶贫的过程中,不仅需要政府发挥引领作用,也需要企业积极参与,而农村贫困劳动力则必须主动配合。只有三者形成一股合力,就业扶贫战略才能得到落实并取得实效。具体来说,"三轮联动"的就业扶贫模式包括如下内容:首先,政府的引领。政府在整个就业扶贫战略中占据主导地位。在政策制定方面,政府要尽快建立健全就业扶贫的政策体系,鼓励将更多的财政、金融、人才等资源引导到就业扶贫工作中。加大财政资金投入的力度,帮助改善贫困地区基础设施,创新 PPP(政府与社会资本合作)方式,对社会资本投入贫困地区给予税收优惠,对贫困劳动力创业给予财政补贴,也可以利用财政资金为贫困劳动力创造更多的公益岗位,并增强金融扶持的广度和深度,对到贫困地区投资的企业给予优惠贷款，对积极创业的贫困劳动力给予贴息贷款甚至免息。其次，企业的参与。就业扶贫在很大程度上是产业扶贫，只有企业大力投资，形成面向市场的产业，才能吸纳更多的贫困劳动力就业。因此，企业要结合农村地区的实际情况，选择最适合当地资源禀赋的产业进行投资，为贫困劳动力创造更多的就业岗位。当然，企业也必须严格遵守劳动法律法规的要求，按时足额为劳动者发放工资和上缴社保资金，这不仅是企业顺利发展的一个标志，也是稳定就业岗位的必要之举。最后，贫困劳动力的配合。贫困劳动力应当坚决摒弃"等靠要"的依赖思想，积极主动地到政府和企业提供的岗位中就业，主动参加各种技能培训，提高自身的素质。在大众创业、万众创新的活动中，贫困劳动力可以根据自己的特长和拥有的资源，积极投身到创业活动当中，利用互联网经济的便利，开展多种形式的创业。自主创业不仅能够实现自己的就业和脱贫，还能够发挥创业带动就业的优势，带动一批贫困户脱贫。事实证明，通过自己的辛勤劳动获取收入，是摆脱贫困的最有效方法。

（2）注重提高农村贫困人口的教育水平与职业技能。众所周知，在其他条件相同时，个人受教育程度越高，其就业与获取收入的能力也越强。相反，受教育的程度越低，其就业和收入能力愈弱。当前中国农村地区劳动力的文化程度普遍偏低，平均受教育程度不高，且各区域之间还存在很大的差距。基础教育是劳动力学习其他技能的基础，农民的纯收入与其享受基础教育程度有着紧密的联系。因此，提高农村人力资本水平，必须将夯实义务教育基础作为重要抓手，在进一步提高义务教育普及率的同时，高度重视教育资源的均等化，不能因贫困或其他原因导致贫困儿童失学。不断改善农村教师的工资和福利待遇，优化和调整农村教育结构。为摆脱因技术缺乏而造成的农村劳动力就业困难的情况，可在贫困地区建设技能培训学校，对学生实行教育补贴，同时对已在就业扶贫岗位上工作的人员进行定期的职业培训，不断更新其职业技能。经济发展有利于提供更多的就业机会，提高劳动力的工作技能，这样可以让贫困劳动力获得更有保障的工作，而有保障的工作不仅使贫困人口的收入有所提高，还延长了收入的稳定性，使他们真正脱离贫困。

（3）注重提高农村贫困人口的就业激励。发达国家长期以来的福利国家模式，给劳动者创造了完善的福利制度环境，同时也降低了贫困人口的工作激励。有鉴于此，发达国家近年来纷纷改革福利模式，更加注重调动劳动者的工作积极性。类似地，一些发展中国家如印度也要求接受福利援助的穷人参加公益岗位工作项目。这样做主要出于两点理由：一是筛选符合条件的人享受福利，二是避免享受福利的人降低工作激励。另外，通过对发达国家就业政策和扶贫政策的经验总结，可以发现发达国家的就业政策主要是对劳动力市场良性竞争的保护性政策，鲜有国家对就业岗位进行政策干预。劳动力市场的需求受经济发展的影响，过多政策性干预会打破就业市场的公平性，造成适得其反的结果。而发达国家的扶贫政策多建立在其完善的社会保障福利体系之上，以社会保障作为贫困人群最后的防护网。然而，过多的社会福利会在一定程度上造成贫困人群的福利依赖，因此需要严格制定贫困标准和福利享有时限，开展科学精确的扶贫工作，以市场为主体发展公平竞争的劳动力市场，完善社会保障的福利系。目前，中国就业扶贫的激励和约束机制尚不健全，这也是未来就业扶贫工作中必须尽快加以完善的一项重要制度基础。

（4）注重提高农村贫困人口的就业质量。就业质量不高是导致贫困的重要诱因之一。就业扶贫不等于就业可以脱贫，非正式工作、低平均工资等就业不具备长期扶贫效用。因而如不关注就业质量的问题，极有可能发生"工作贫困"的现象。无论是对农村就业者还是进城打工的农民工来说，工资不高、社保不全、就业不稳定都是导致就业质量不高的重要原因。因此，应进一步提高劳动合同的签订率，努力消除就业歧视，实现农民工与城镇职工的同工同酬。目前，中国的社会保障尚未实现全覆盖，特别是以进城务工农民工为主体的流动人口中，仍有相当群体没有加入社会保障体系当中。近些年来，社保负担有所加重，导致退保现象抬头，使得社会保障的功能有所削弱。再加上保障水平不高，一些农民工很容易陷入因病致贫、因伤致贫的境地。因此，应尽快完善中国的社会保障制度，不断扩大社保覆盖面，将更多的农民工纳入其中，提高社会保障的水平，解决他们的后顾之忧。稳定农民工就业岗位是提高就业质量的重要途径，必须改善工作环境，强化劳动法的执行力度，减少过度劳动现象。同时加快户籍制度改革的步伐，使农民工更多地融入城市，这是形成一支稳定的产业工人队伍的重要条件。

（5）加强对就业扶贫工作的绩效评估。重视对就业扶贫工作开展绩效评估，是检验政策实施效果的必要手段。目前，中国已经建立了一套对包括就业扶贫工作在内的绩效评价指标体系和评价机制,但仍存在具体责任不清、资金使用效果不佳、脱贫又返贫现象突出等问题。因此,进一步完善责任追究机制,明确地方政府和主要负责人的相关责任,完善绩效评价指标体系,是巩固和提高就业扶贫效率效益的必要手段。可以考虑引入第三方评价机构,对就业扶贫工作进行客观公正的评价,防止弄虚作假、"数字脱贫"问题产生。当然,在实际工作中还要避免层层加码、急于求成的心态,不能盲目给基层干部加压,防止诱发虚假扶贫、降低扶贫实效的行为。只有认清就业扶贫工作的新形势,端正工作作风,强化责任追究,采取科学有效的就业扶贫政策措施,中国的就业扶贫工作才能顺利实现既定的目标,从而为实施乡村振兴战略奠定坚实的基础。

119. 贫困户如何利用农业院校资源提高收入?

农业院校要进一步加大精神扶贫工作力度,结对帮扶干部要持续加强对贫困群众的感恩教育,引导贫困户克服消极思想情绪和"等靠要"的惰性心理,树立困难群众脱贫的信心,激发困难群众持续脱贫致富的内生动力。学校发挥学科专业优势,当地政府给予政策鼓励,培育当地产业发展示范企业,招商引进外地农业龙头企业,通过示范龙头企业的引领和规模化经营,构建"企业+合作社+基地+农户"的发展模式,辐射带动广大贫困户自觉加入发展脱贫产业,稳定增加家庭收入。在当地大力开展农民培训,培养新型职业农民,着力培养一批种植大户、养殖大户、技术能手、致富带头人和农村经纪人,逐步实现当地农业生产经营主体的职业化和规范化。发挥农民群众在专业合作社建设与经营管理中的主体作用,鼓励当地村组干部、大学生村官和有威望的致富带头人、农村经纪人围绕产业发展创立专业合作社,吸引有发展理念、投资能力和技术专长的农民在当地创办农业企业,通过"农业+企业+农民专业合作社"的形式示范带动当地农业产业化发展。

农业院校要牢固树立贫困地区产业扶贫的工作理念,深入调研当地的自然资源、种养业基础和其他发展要素,着眼长远市场遴选产业方向,既要发展有潜力的中期和长期产业,也要形成"短、平、快"的短期产业,重点发展前景好、带动强、成效好的特色产业,在当地形成全局性、持续性的扶贫产业体系。要充分结合脱贫产业发展需求,加快推进扶贫产业急需的技术创新平台建设,大力开展贫困地区产业发展关键技术攻关,逐步形成一系列适合贫困地区推广的优良品种和高效技术,切实增强科研成果在产业扶贫一线的推广应用。针对每一户建档立卡贫困户生产实际,在全村、全镇乃至全县全局性考虑每户脱贫产业发展措施,以规模化经营为主线,加入农民专业合作社,统筹进入企业生产基地,科学制订产业帮户计划,有效落实各项帮扶措施,让贫困户得到实实在在的项目和技术扶持,以产业发展实现持续脱贫致富。

农业院校选派的帮扶干部要经常性地走访慰问贫困户,深入了解贫困户的脱贫进展情况、生产生活状况以及帮扶需求和愿望，与贫困户一起谋划持续脱贫致富的措施办法，努力帮助贫困户解决一些生产生活实际困难。帮扶干部要在贫困群众中积极宣传国家扶贫政策和社会帮扶措施，让贫困户对国家实施的扶贫项目、社会采取的扶贫措施以及取得的扶贫成效有所了解，让他们深切感受到国家和社会的有效帮扶，引导他们树立脱贫致富的信心，激发他们脱贫致富的内生动力。围绕扶贫工作的满意度，也要加强对已脱贫贫困户的沟通联系和结对帮扶，引导非贫困户积极发展致富产业，在政策上与贫困户得到同等的产业扶持措施和发展补贴。同时，农业院校要结合学校的实际和扶贫工作的需求，在干部选拔、职称评审、工资待遇、工作量核算、工作经费使用、交通差旅和工作补助等方面制定相应的扶贫工作保障激励措施，引导广大教师积极主动地参与科技服务、精准扶贫工作，为下派的扶贫工作人员安心开展工作创造有利条件。

120. 贫困户如何利用科技提高收入？

围绕贫困地区生产经营实际需求，对贫困村、贫困户开展点对点、面对面、手把手的农村实用技术培训，提升劳动生产技能。发挥农民教育培训的主渠道和主阵地作用，通过专家授课、现场指导、网络信息平台远程指导等方式，免费为贫困农户提供生产技术培训，提升贫困地区群众的科技创业就业能力。

针对农业主导产业发展升级、特色产业技术推广、农村科技人才素质提升、产业扶贫实训基地建设等重点进行建设。

推动优质科技资源向贫困地区集聚。大力推动县、乡、村科普基础设施硬件和软件建设，加大流动科技馆、科普大篷车、农村中学科技馆、科普中国 e 站等项目优先向贫困县配发配送。深入推进"银会合作"①，提高农村专业技术协会的服务能力和"种养加"（种植业、养殖业，农产品加工业）大户吸纳贫困户就业的产业扶贫、技能培训等方面能力。

发挥科技人员的智力优势，开展决策咨询课题研究，为实施精准扶贫建言献策。引导贫困地区企业设立"院士工作站""海智基地"，发挥这一平台在成果转化中的作用。组织科技工作者深入贫困地区开展产学研用合作，搭建科技成果转化平台，结合贫困地区的发展现状、产业基础，大力推广应用农业新技术、新品种、新模式，发展精深加工产业技术，提升产业化水平和市场竞争力，增加产品附加值，通过专利信息服务，加速科技成果在贫困地区的转化和推广，提高贫困地区农民收入水平。搭建有效的金融保险服务平台，拓展融资渠道，抵御经营风险。培育发展一批农民专业合作社、龙头企业、种养大户等新型经营主体，为贫困户提供就业岗位，建立与贫困户稳定的带动关系。

结合现代农业产业技术体系布局，帮助解决当地产业发展瓶颈，为贫困地区的优势资源开发和特色产业发展建议献

---

① "银会合作"是指由科协倡导的银行与农村专业技术协会的合作，是科技力量与金融资金的紧密结合，中国科学技术协会与中国邮政储蓄银行之间的全面战略合作。

策,助力"一村一品、一乡一业"产业扶贫行动。根据贫困地区发展的实际需求,积极动员支持专家团队、科技团体和科技工作者深入贫困地区尤其是集中连片特殊困难地区开展调研,为破解制约贫困地区发展瓶颈出谋划策,促进贫困农户稳步增收。

121. 政府如何利用大数据完善精准扶贫机制,提高贫困户收入?

(1)加强组织领导,充分认识大数据扶贫的重要性。一是要统一思想,充分认识做好精准扶贫大数据平台建设的重要性、责任性、复杂性和紧迫性,认真研究、全力以赴抓好信息采集工作,确保各类数据准确无误。二是要加强组织领导,明确职责分工。各级政府应该成立以一把手任组长、各扶贫相关部门主要负责人参与的精准扶贫大数据管理平台信息采集工作领导小组,全面负责大数据平台的各项工作。各级扶贫部门与各行业部门要密切沟通联络、紧密配合,抓紧建立精准扶贫大数据平台。

(2)健全保密制度,注重数据安全性。大数据时代最大的威胁就是信息安全,大量数据的汇集不可避免地加大了帮扶对象、帮扶者个人信息、个人隐私及扶贫资金信息等敏感数据泄露的风险。现行的大数据的分析都未考虑到其中涉及的贫困户的个人隐私问题,比如,一些未成年人就不希望打上贫困的烙印,然后公布于众。为此,在建立大数据扶贫系统之初,就应该健全保密制度,确保扶贫数据的安全。一是从立法层面保障数据的安全性。迫切需要国家借鉴欧美等发达国家个人信息、个人隐私保护立法的成功经验,加快制定涉及个人信息和个人隐私保护方面的数据采集、使用的法律法规,明确数据的公开条件、范围和保障,明确数据拥有者、使用者等各方的权利义务,明确个人信息和隐私权受到侵犯时的法律救济问题。二是在立法、司法和执法环节中加大对泄露、窃取个人信息和个人隐私的打击力度,引入惩罚性赔偿制度,加大泄露、窃取个人信息和个人隐私的违法成本。三是加大对大数据的有效监管。要逐步构建国家部委行业和行政区域组成的矩阵式监管领导小组,实现对数据信息整个生命周期的全程监管;严格落实对大数据应用的事前审批制度;根据不同的工作职能和部门等级设置不同的管理权限,上级部门可以检查下级部门的工作实施情况。同时发挥大数据产业的行业自律作用,形成行业内互相监督,实现政府监管和行业自律共同发力的监管机制。

(3)加大人才培养力度,为大数据扶贫提供人才支撑。大数据精准扶贫系统建好之后要会用、用好,这就要求必须有专业人员参与营运管理。一是国家实施大数据人才战略。加大对大数据人才培养的投入力度,将培养引进高层次大数据安全创新创业人才纳入"国家高层次人才特殊支持计划",建立数据分析师等职业资格认证体系;加大安全技术和基础设备方面的投入研发力度。二是依托高校培养大数据人才。在高校、职业院校开设大数据相关课程和专业方向，注重跨学科的复合型人才培养，并将大数据相关专业列入紧缺人才专业方向目录。三是鼓励企业与高校及培训机构合作培养大数据人才。积极支持大数据企业与高等院校、科研机构、职业培训机构合作建立教育实践和培训基地，探索"人才＋项目＋团队""人才＋基地"等人才培养新模式，构建大数据技术的"政、产、学、研、用"的联动机制。四是政府部门在积极培育、引进大数据精准扶贫专业技术人才，充实机关信息系统专业人才队伍的同时，也应该展开针对性的培训工作。各级政府部门应该选派业务能力、学习能力较强的同志积极参加大数据业务培训工作，使其准确掌握精准扶贫数据的信息采集、录入、分析等系统操作业务，保证大数据系统的稳定运行。

（4）加强制度建设，确保全面小康社会的实现。精准扶贫大数据平台建设是保证精准脱贫、全面建成小康社会的一项长期性工作，必须要有有效的工作制度作保证。一是建立稳定可靠的数据采集制度。数据真实、有价值才是大数据系统的生命，只有数据真实，才能为精准扶贫工作决策提供可靠的依据。精准扶贫信息采集涉及的指标多、范围广、信息量大，各级政府要有专门的办公场所和专业的负责人员，确保工作有人管、不脱节；对数据的采集形成"谁主管、谁负责，谁录入、谁负责"的信息数据负责机制；建立数据的定期上报制度，确保数据的及时更新。二是建立数据共享制度。我们要逐步打破阻碍数据流动的樊篱，实现各部门数据的交流共享。定期召开跨部门协调会议，研究部署各部门信息资源共享与交换的相关问题，指导各部门数据的共享共建，推进跨部门、信息资源整合共享。

三是完善精准扶贫制度。大数据不过是用来分析贫困状况的工具，而真正帮助贫困户脱贫致富的是一系列完善的制度建设。当前，需要针对各地实施精准扶贫过程中存在的问题，找准问题的原因，进一步对精准扶贫制度进行补充完善。

122. "三大行动"如何助力贫困户？

（1）科普惠民兴村计划项目服务进贫困村。科普惠民兴村计划项目是中国科协实施的基层科普行动计划之一，通过该项目的服务，引领贫困村的种植、养殖大户打造科普示范基地，成立农村专业技术协会。一方面吸纳有劳动力的贫困群众到基地就业、做零工、打短工，挣现钱创收。另一方面给贫困户树立致富的榜样，激发贫困户想脱贫的信心和决心，带动贫困群众学习实用技术，跟着基地、协会发展相应的致富产业，实现多渠道增收脱贫。

（2）基地协会送项目服务到贫困社。把科普示范基地、农村专业技术协会组织起来，发挥各自的产业优势，与贫困社开展产业对接。所有的基地协会均给贫困社送开业种苗、技术指导、产品包销等项目服务，让贫困社的群众发展致富产业无后顾之忧。

（3）科普专家送技术入贫困户。科普传播专家团、县科技特派员、县科普志愿者等科技工作者都是扶贫攻坚的技术力量，既可以为贫困户提供产业技术支持,也能给贫困户当产业发展参谋。通过科技专家的技术入户,根据贫困户的实际情况制定产业发展规划,手把手教会他们种蔬菜水果、养土鸡土鸭等技术,打消贫困户担心不会种养的念头。

第七章 减轻农民负担

农民增收减负百问百答

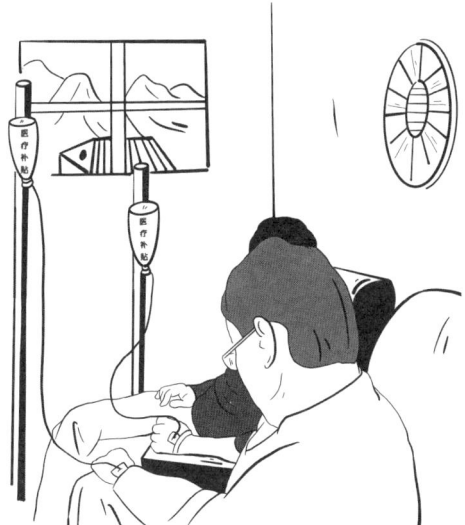

123. 农民负担的概念是什么？

农民负担这一概念，过去全国没有统一的规范，各地对农民负担的理解有很大差异。对其中"负担"一词，在实践中包括的内容就是多方面的，既包括合理负担，也包括不合理负担；既包括合法负担，也包括不合法负担；既包括有形负担，也包括隐形负担。为了明确党的政策和国家法律的调整对象，便于准确执法和监督管理，在国务院颁布的《农民承担费用和劳务管理条例》第二条中，对农民负担这一概念作了明确规定，农民负担主要是：税金、定购任务、村提留、劳务（又称义务工和劳动积累工），国家规定应承担的其他费用。税金标准由税务机关和法定定税率征收。除此以外，再要求农民无偿提供任何财力、物力和劳动的，均为非法行为，农民有权拒绝。该条例所称农民负担，是依照国家政策和法律承担的负担，属于合理负担和合法负担的范围。所谓减轻农民负担，是指在国家政策和法律规定之外的不合理负担和不合法负担，是在禁止范围之内的负担。

124. 什么是农民的合理负担?

国家法律、法规、规章和有关政策规定的负担,为农民的合理负担,是农民应尽的义务。各级党委和政府要在农民中经常进行爱国主义、集体主义和社会主义教育,广大农民应当正确处理国家、集体、个人三者关系,增强社会主义民主、法制观念,自觉履行应尽的义务。农民在依法向国家和集体履行上缴义务后,其个人财产和依法获得的收入受法律保护,不可侵犯。对加重农民负担的行为,农民有权依法抵制。

125. 什么是农民的不合理负担?

凡属在国家法律、法规、规章和有关政策规定之外要农民交纳的钱和物,被称之为农民的不合理负担。对不合理的负担,农民有权拒绝交纳。

凡采取非法手段,在收缴过程中发生打人、抓人、关押人等行为,农民有权上诉。发生上述情况后,农民应当通过正常渠道逐级向地方党委、政府及其纪检监察机关、农民负担主管部门反映,也可以向司法机关起诉,但不能采取违法的过激行动。

126. 当前农民负担主要有哪些?

(1)医疗费用较高,农民医疗负担重。近几年来,对于基层乡镇医院我国政府不断加大建设力度,大部分农民也均参与合作医疗,这种情况的变化在很大程度上改善了农民看病难及看病贵问题。然而,由于当前医药费价格相对比较高,而医疗保险报销比例却比较低,在医药费用方面农民支出仍旧比较高。

(2)农资价格不断升高,加重农业生产负担。近几年来,由于主要生产资料及运输费用均出现很大程度的增加,在日常农业生产过程中农民所使用的相关农资价格也不断提高,导致农业生产成本大幅度提高。另外,虽然粮油价格得到很大程度提高,然而对于无法实现粮油生产自给的一些地区,不但未能提高收益,反而导致其生活负担进一步加重,因此当前农民农业生产负担仍比较重。

(3)文化教育投资较大,负担较重。近几年来,国家虽然在农村义务教育方面不断加大投入力度,农民所承担子女教育负担有所减轻,然而就目前总体情况而言,农民家庭教育支出费用仍比较高,在农民总体生活费用支出中所占比例较大。分析其原因主要是因为随着现代农民教育观念的不断转变,对于子女培养目标也发生很大变化,因而在子女教育方面投入也就有所增加。另外,高中阶段及大学阶段教育费用仍旧比较高,因此农民负担仍比较重。

(4)"一事一议"筹资筹劳组织实施不规范。目前村民"一事一议"筹资筹劳遇到的主要问题有:一是议事难。议事难、决策难是各地普遍遇到的问题,农民民主议事决策意识有待增强。二是筹资难。由于农村村级基础设施建设历史欠债多,农民筹资筹劳压力较大,农民对筹资筹劳的主动意愿不强。三是维护难。各地在村级公共设施维护上遇到很多困难,村级公益事业建设缺乏长效机制。四是监管难。农民"一事一议"筹资筹劳监管工作缺乏有效机制。

(5)新领域农民负担问题。新时代农民负担发生了明显变化:一是收费主体更多。过去由政府部门向农民收费,现在多由收费机关和单位分散收取。二是收费对象更广。过去主要直接向农民收费,现在向村级组织和家庭农场、专业大户、农民合作社等新型农业经营主体收取的现象增多。三是区域分布更分散。过去农民负担项目具有同质性,现在面向接受管理和服务的特定农户收费,不同农户之间负担项目不同。四是收取形式更隐蔽。过去多是集资摊派,现在主要是"搭车收费"、筹资筹劳。

127. 什么是价格？为什么价格与农民负担有关？

价格是价值的货币表现，价值是价格的本质。在市场经济条件下，价格的范畴很广，不但消费品和生产资料等有形产品有价格，而且生活服务和生产服务等无形产品也有价格，不但技术图纸等有载体的产品有价格，而农民咨询、策划等载体的产品也有价格。从价格体系上说，价格有广义和狭义之分，广义的价格包括商品价格、服务价格和生产要素价格，狭义的价格是指除生产要素价格之外的商品价格、服务价格。

价格的高低直接关系到农民的利益，农产品价格高，有利于增加农民收入，农业生产资料或其他工业产品乱涨价，就会增加农民的负担。

128. 什么是政府指导价？

《中华人民共和国价格法》第三条第四款规定，"政府指导价，是指依照本法规定，由政府价格主管部门或者其他有关部门，按照定价权限和范围规定基准价及其浮动幅度，指导经营者制定的价格。这是一种具有双重定价主体的价格形式，政府通过制定基准价和浮动幅度，达到控制价格水平的目的，经营者可以在政府规定的基准价和浮动幅度内灵活地制定调整价格。政府指导价既体现了国家行政定价强制性的一面，又体现了经营者定价相对灵活的一面。

129. 什么是市场调节价？

《中华人民共和国价格法》中明确，市场调节价是指由经营者（从事生产、经营商品或者提供有偿服务的法人、其他组织和个人）自主制定，通过市场竞争形成的价格。市场调节价是没有列入政府指导价和政府定价范围内的商品和服务价格，是适宜市场竞争的价格。

经营者自主制定市场调节价，并不是说经营者可以随意定价，经营者自主定价也必须遵守国家的法律法规规定，不得使用不正当的价格竞争手段，不得进行不正当价格行为，如进行价格欺诈、价格垄断、牟取暴利等损害农民（消费者）的利益。

130. 什么是收费？它有哪些种类？

收费，通俗地讲，就是收取费用。在实际生活中，收费的含意是指某些行政机关、事业单位或行业、公共部门、民间团体等所提供的有偿服务的价格。目前社会上所称的收费，可分为三类，行政性收费、事业性收费和经营性收费。向农民收取的费用，是农民负担的重要方面，乱收费会令农民深恶痛绝。

131. 什么是行政性收费？它有哪些种类？

行政性收费是指国家机关行使行政职能进行的收费，是在为社会提供公共服务中按照国家规定向特定服务对象收取费用，以补偿服务成本消耗的一种价格行为。行政性收费具有如下特征：一是收费主体具有权威性，二是收费依据具有法定性，三是收费标准具有不等价性。

依据行为内容的不同，行政性收费可以分为：管理费、登记费、手续费、审批费、证照费、资源费。

132. 什么是事业性收费？它有哪些种类？

事业性收费是指非营利性的事业单位及类似机构在向社会提供公共服务中，依照有关政策规定部分补偿服务性劳动收取的费用。事业性收费的特征有：收费主体具有非营利性；收费依据具有很强的政策性；收费主体与收费对象之间的经济联系具有一定的等价性；收费是对服务性劳动的部分补偿。

事业性收费大致有各种手续费：检测服务收费，如检验费；传授服务收费，如学费、培训费；代理服务收费，如律师、会计师代理收费；资料设施服务收费，如资料收费、设施收费；医疗保健服务收费等种类。

133. 什么是教育收费？

我们所指的教育是狭义的概念，指的是学校教育，也就是按照一定的要求，有目的、有计划、有组织地向学生传授知识和技能、培养思想品德、发展智力和体力的活动。教育收费是指教育机构（学校）向受教育者（学生）提供教育服务的价格，从另一个角度说，就是受教育者向教育机构购买教育服务的价格。

134. 幼儿园收费的基本原则是什么？

幼儿教育是中国教育事业的一个重要组成部分，它作为学校教育的预备阶段，从小对儿童有目的地施加教育影响，有利于促进儿童身心健康发展，对提高民族素质具有深远的意义。幼儿教育具有地方性和群众性，发展幼儿教育不可能也不应该由国家包起来，要依靠国家、集体和个体一起来办。由于办园性质不同，经费来源也有所不同。从经费来源来看，所有公办园（含机关企事业办园）收费实行政府定价，政府教育部门主办的公办园经费不足部分完全由政府财政投入，机关企事业主办的公办园目前可享受政府生均奖补资金以及由本单位投入弥补不足部分。民办园自定收费标准报物价部门审核备案并公示，收费标准根据支出的不同而不同。

（1）机关、企事业办园，经费由于实行了地方财政或单位定额补贴、包干使用，收费标准是按照办园实际支出与地方财政（单位）补贴的差额来制定。目前，多数地区幼儿园收费项目有管理费、保育费、杂费、伙食费和医疗费。

①管理费。主要包括幼儿园所支付的邮电费、差旅费、办公费、水电费、公用取暖费、宣传学习费及其他办公杂志费。

②保育费。主要根据幼儿的床铺、桌椅、运动器械和盥洗室、卫生等用具费用支付情况来确定。这项费用一般由幼儿家长承担。

③杂费。一般是指组织幼儿集体文娱活动、学习用具支出的费用，这项费用由幼儿家长支付，按幼儿园实际支出支付。

④伙食费。办好伙食，保证幼儿得到良好营养是促进儿童健康成长的重要条件，因此，在搞好伙食卫生的同时，要根据幼儿每日进食量和营养量调剂伙食，提高质量。幼儿家长根据幼儿园实际支出支付伙食收费标准。工作人员的伙食和幼儿的伙食要严格分开，单独核算。伙食费必须专款专用，计划开支。

⑤医药费。是指幼儿患病所需药品的实际费用，但对幼儿身体检查，预防接种不得收费。

（2）集体性质的幼儿园（班），是群众集资办园的形式。由于各地情况千差万别，收费标准也不统一。一般来说，收费标准应当本着合理收费、独立核算、自负盈亏的原则制定。

（3）公民个人开办的幼儿园，所需经费由承办人负责筹措，向入园幼儿的家长收取费用支付，收费标准原则应由幼儿家长和承办人协商议定。

为了贯彻优质优价、按质收费的原则，提高办园的积极性，多数地区对幼儿园实行了按分类定级制定不同的收费标准。分类标准内容包括幼儿园的园舍、设备、人员配备、幼儿编班等方面的基本情况；定级标准内容包括幼儿园的管理、教育、卫生保健等方面的工作情况。

此外，为了适应幼儿家长的需要，有条件的幼儿园实行了全日制和寄宿制。两种入园形式不同，所消耗的费用也有不同，收费标准也根据支出的不同而有所不同。

135. 义务教育阶段（小学、初中）可以不用交学费吗？

按照规定，义务教育阶段的中小学校不收学费，但国家同时规定财政困难的地方，可以收取杂费。在目前情况下，由于财政困难，大多数地方的学校向学生收取少量的杂费。

中国实行小学、初中九年义务教育。《中华人民共和国义务教育法》规定，地方各级人民政府必须创造条件，使适龄儿童、少年入学接受义务教育。义务教育学校包括国家和企业、事业单位开办的小学、初级中学（含完全中学的初中部）、初级职业中学和属于义务教育阶段的特殊学校。免收学费，为适龄儿童和少年接受义务教育提供更好的条件，也是实施义务教育的一项重要措施。因此小学、初中阶段的学生不必交学费。

那么，实行义务教育，免收学费，教育经费如何解决？国家规定，义务教育阶段的教育经费主要由中央和地方人民政府筹措。农村中小学校舍建设投资，以乡、村自筹为主，经济困难的地方，地方人民政府应根据情况予以补助。

136. 国家对禁止乱收费、乱涨价和乱罚款有哪些规定？

国家对禁止乱收费、乱涨价和乱罚款的规定有：

（1）停止审批一切面向农民的新的收费项目。抓紧清理面向农民的各种收费。中央和地方已明令取消的项目不得恢复，仍在执行的要坚决停止；擅自设立的收费项目要坚决取消，偏高的收费标准要坚决降下来；必须纠正只收费不服务、多收费少服务或强制性服务等错误做法。清理后的收费项目和标准，要向农民公布。

（2）禁止向农民"搭车"收费。在结婚登记、中小学就学、建房和计划生育指标等审批、办理过程中，都不得向农民"搭车"收费。实施义务教育的中小学校只能收取杂费、课本费以及确需统一购买的作业本费等费用。除此之外，学校和教师不得代收其他任何费用。

（3）禁止违法经营农业生产资料，严肃查处违反国家价格政策的乱涨价行为。

（4）禁止非法向农民罚款。向农民罚款，必须有法律、法规、规章依据。凡无法律、法规、规章依据的罚款项目，一律取消。目前有些地方因农民未完成种植、养殖任务而处以罚款的做法是错误的，要坚决纠正。

137. 碰到乱收费怎么办？

首先，在交费之前应该了解有关收费政策，问清楚收费项目、范围和具体标准，也可以认真查看收费单位公开悬挂的收费许可证规定的内容或明码标价的内容，做到心中有数；其次，应向收费单位索要交费凭证即收费票据，并妥善保存备用；再次，交费后觉得有疑问的，可以向收费单位或有关部门咨询，要求答复；最后，可以向有关主管部门投诉、举报或申请复议。

138. 乱收费行为有哪些表现？

下列都是乱收费行为：

（1）越权立项收费。行政事业性收费的审批权限集中在两级，一是国务院、国家发展和改革委员会和财政部；二是省人民政府。除此之外，其他部门和省以下各级政府都无权审批。凡是未经合法审批机关审批的行政事业性收费，均属乱收费。

（2）擅自扩大收费范围或提高收费标准。行政事业性收费均有明确的收费对象、范围和标准。凡超越规定范围提高标准的行政事业性收费,均属乱收费。

(3) 收费项目已取消或收费标准已调低,继续按原项目、原标准收费的也属乱收费。

(4) 违反行政事业性收费许可证管理规定的收费。按规定,所有行政事业性收费均需办理收费许可证,公开悬挂并按收费许可证规定的项目和标准收费。凡不申领、换领或涂改、伪造收费许可证的,均属乱收费。

(5) 违反收费票据规定的收费。所有行政事业性收费,均需要使用财政部门统一印制或规定使用的票据,即有统一编号和套印"xx财政厅(局)收费票据专用章"的票据(专用章规格:圆形,直径2厘米,边宽1毫米,宋体字)。凡不使用财政部门统一印制或规定使用的票据,擅自印发、转让、转借、代开收发票的收费均属乱收费。

(6) 所收费用不按规定上交或超出规定适用范围,瞒报、虚报、拒报收费收支情况,拒绝接受监督检查机关检查,包庇、纵容违反国家物价及财政法律、法规、规章等情况下的收费均属乱收费。

(7) 属于国家定价的经营服务性收费的乱收费,主要有两种表现形式:一是提高收费标准;二是强制性附加收费,即除了国家规定的收费之外,巧立名目加收各种费用。

(8) 属于市场调节的经营服务性的乱收费,主要有三种表现形式:一是变为强制性收费,即实行垄断经营或强制服务,改变了经营服务性收费的性质;二是采取欺诈、蒙骗等不正当手法的收费,如不明码标价,或者在服务之前故意不讲明收费项目和标准,在服务完后任意收取费用,即俗称"打死狗讲价";三是违反有关规定牟取暴利的收费。

139. 对有关单位作出的罚款决定不服怎么办?

农民如果对有关单位或部门作出的罚款的决定不服,可以向各种监督机关提出申诉或检举。县级以上人民政府应当加强对行政处罚的监督检查,对于行政相对方的申诉或检举,行政机关应当认真审查,发现行政处罚有错误的,应当主动改正。

此外,也是当事人对行政处罚不服的最主要的处理方式是进行行政复议或行政诉讼。行政复议是指公民、法人或其他组织认为行政机关的具体行政行为侵犯其合法权益,依法提请上一级行政机关或其他法定的行政机关对该具体行政作为审查并作出决定。其依据是《中华人民共和国行政复议法》。行政诉讼是指公民、法人或其他组织认为行政机关及其工作人员的行政行为侵犯自己的合法权益时,依法向法院请求司法保护,并由法院对行政行为进行审查和裁判的一种诉讼活动。其法律依据是《中华人民共和国行政诉讼法》,如被处罚人认为处罚对其造成损害,还可以依《中华人民共和国国家赔偿法》的相关规定,提出赔偿请求。

140. 对行政处罚不服是否要经过行政复议程序后才能提起诉讼？

对行政处罚不服时，除法律规定必须要先经过行政复议程序才能提起行政诉讼的以外，被处罚人可以依法选择是适用行政复议程序，还是适用行政诉讼程序。

《中华人民共和国行政处罚法》第六条规定，被处罚的公民、法人或其他组织对行政处罚不服的，有权依法申请行政复议或者提起行政诉讼。根据《中华人民共和国行政诉讼法》第三十七条规定，除法律、法规规定申请复议是提起诉讼的必经程序外，公民、法人或其他组织可以在二者自由选择，既可以申请复议，也可以直接起诉。选择行政复议后，对复议决定不服的，还可以提起诉讼。在中国，除公安税收征管等具体行政行为是复议必经程序外，其余的均为可选择的。

141. 什么是村务公开制度？

村务公开是村民委员会按照法律法规和村民自治章程的规

定,以一定的形式和程序,对村民普遍关心的和涉及群众切身利益的重大问题向全体村民公开的制度。村务公开和民主管理是农村自治的两个重要方面和基本制度。通过村务公开,可以使村民委员会的工作置于全体村民的监督之下,便于村民行使民主管理和民主监督的权利,可以促进农村基层组织和党风廉政建设,密切党群关系,可以引导农村干部依法建制、以制治村,促进农村的改革、发展和稳定,推动农业、农村经济与农村社会的全面发展和进步。

142. 哪些村务应当公开?

根据《中华人民共和国村民委员会组织法》第二十三条、第二十四条及第三十条的规定,应当公开的村务包括:

(1)依法应当由村民会议讨论决定的事项及其实施情况。法律规定应当由村民会议讨论决定的事项包括:乡统筹的收缴方法,村提留的收缴及使用;本村享受误工补贴的人数及补贴标准;村集体经济所得收益的使用;村办学校、村建道路等村公益事业的经费筹集方案;村集体项目的立项、承包方案及村公益事业的建设承包方案;村民的承包经营方案;宅基地的使用方案;征地补偿费的使用、分配方案;村民会议认为应当由村民会议讨论决定的涉及村民利益的其他事项。

(2)国家计划生育政策的落实方案。

(3) 救灾救济款物的发放情况。

(4) 水电费的收缴以及涉及本村村民利益、村民普遍关心的其他事项。

143. 农村集体经济组织和农民专业合作经济组织可以建立农产品批发市场和农产品集贸市场吗？

农产品的购销实行市场调节，国家逐步建立统一、开放、竞争、有序的农产品市场体系。按照《中华人民共和国农业法》第二十七条规定，对农村集体经济组织和农民专业合作经济组织建立农产品批发市场和农产品集贸市场，国家给予扶持。县级以上人民政府工商行政管理部门和其他有关部门按照各自的职责，依法管理农产品批发市场，规范交易秩序，防止地方保护与不正当竞争。支持农民和农民专业合作经济组织按照国家有关规定从事农产品收购、批发、贮藏、运输、零售和中介活动。鼓励供销合作社和其他从事农产品购销的农业生产经营组织提供市场信息，开拓农产品流通渠道，为农产品销售服务。

144. 国家机关工作人员下乡所需经费能不能让农民负担?

国家机关工作人员在农村执行公务和业务活动,是其职责范围内的事,所需经费应由所在单位承担,不应该让农民和农村集体经济组织负担。因此,国家机关工作人员在执行公务时,所需经费不得向农民和集体经济组织摊派。

145. 国家在农村设置的机构或配备的人员所需经费能不能让农民承担?

国务院《农民承担费用和劳务管理条例》第三十一条规定,任何行政机关、事业单位在农村设置机构或者配备人员,所需经费不得向农民和集体经济组织摊派。这里所说的"机构"或"人员",是指所有国家行政机关、事业单位在农村履行公务和兴办各种公共事业,在乡、镇、村设立的派出机构和人员,如财政部门的财政所、农业技术部门的农技站、土地管理部门和文教、卫生、公安、司法、工商、广播、电视、计划生育等部门在农村设置的机构及其配备人员。

行政机关、事业单位在农村设置机构或者配备人员，所需的各种经费应由其举办单位承担，严禁向农民和集体经济组织转嫁负担。

146. 国家实行的农民减负措施有哪些？

30多年来，减轻农民负担坚持标本兼治，实施了"十大措施"。一是不断完善减负工作领导机制。从中央到地方建立健全了减轻农民负担工作联席会议、领导小组。二是严格控制农民负担水平。1991—2012年中央连续下发文件，要求严格控制农民负担水平。三是清理规范涉农收费项目。1990年以来，累计取消不合理收费7800多项。四是开展农民负担专项治理。针对农民反映强烈的问题，中央开展了多次专项治理。五是推进农民负担监管制度建设。逐步建立了"公示制""一费制""限额制""责任追究制"等制度。六是实施农村税费改革，取消农业税费。七是加大支农惠农政策力度。八是实施农民负担综合治理。对一些农民负担问题较多的县（市）开展综合治理工作。九是加强农民负担监管检查。十是完善"一事一议"制度。

147. 国家对农民负担是如何监督管理的？

加强农民负担监管，维护农民合法权益，对于保持农村社会和谐稳定具有重要意义。经国务院减轻农民负担联席会议同意，提出如下意见：

(1) 加强村级组织和新型农业经营主体负担监管。全国农民负担监测和检查情况显示，近年来部分地区村级组织负担有所增加。要按照中央切实减轻村级组织公共服务支出负担的要求，进一步加大对村级组织负担的监测和检查力度，及时纠正向村级组织乱收费和集资摊派行为，健全村级组织支出的村民民主管理制度和部门监督管理制度。

(2) 严格监管涉农收费和价格。加强涉农收费和价格监管，进一步完善和落实涉农收费文件"审核制"，对新出台的涉农收费文件要严格审核把关。全面推进涉农收费和价格"公示制"，相关事项必须在乡镇政府和收费单位现场公示，及时更新内容，确保公示效果。认真贯彻落实国务院简政放权、放管结合、优化服务总体部署要求，把已经取消的涉农收费项目、行政审批、资格准入等落实情况列为当前监管重点，严禁经营公用事业的企业超标准收费、强制服务收费和"搭车收费"。

(3) 完善村级公益事业"一事一议"筹资筹劳办法。贯彻落实《国务院办公厅关于创新农村基础设施投融资体制机制的指导意见》，健全农村公益事业基础设施建设投入机制，完善村民"一事一议"制度，合理确定筹资筹劳限额。要尊重农民主体地位，加强宣传教育，严格履行"一事一议"程序，鼓励农民和农村集体经济组织自主筹资筹劳建设村内基础设施。

（4）着力解决贫困地区农民负担问题。加大对贫困地区涉农收费减免和扶贫资金使用等强农惠农富农政策落实到村到户情况的监督检查力度，加强对贫困地区农民负担问题的跟踪调查、情况核实和督查督办，在国家扶贫开发工作重点县开展涉农乱收费乱摊派专项治理，严肃查处和纠正违规行为，切实维护农民经济利益。

（5）强化农民负担监督检查。国务院减轻农民负担联席会议将认真组织开展农民负担年度检查，深入基层查找问题，在适当范围内通报检查结果。地方各级农民负担监管部门要不定期、有重点地开展抽查，并积极向当地党委政府报告减轻农民负担工作情况。

（6）健全农民负担监管工作机制。各地要高度重视农民负担监管，坚持地方党政主要领导亲自抓、负总责的工作制度，完善"谁主管、谁负责"的专项治理部门责任制，强化分工协作、齐抓共管的工作机制。坚持实行减轻农民负担"一票否决"制度，推动将农民负担监管工作纳入政府工作目标考核，健全减轻农民负担工作逐级督导制度。

148. 农民负担监管工作的具体内容是什么？

（1）规范涉农行政事业性收费、经营服务性收费，使收费工作向规范化、标准化方向发展。

（2）加大对于农村集体公益事业建设筹资活动、筹劳活动的监管力度。

（3）更好地监督农村基础设施建设工作、农村公共服务工作等。

（4）由于村级组织、农民合作社存在很多乱象，例如，乱收费、乱集资，所以政府还需加强对这些不良现象的监管。

（5）政府经常对农民发放补贴、补偿农民，以及村级转移支付资金，还需加强对这类资金的监管力度。

149. 什么是农民负担监督卡？

农民负担监督卡是农民的"明白卡"，是减轻农民负担政策的宣传卡，也是基层收缴税费的重要依据。各级农民负担监督管理部门要根据农民承担税费、劳务项目变化情况，及时进行监督卡内容的调整和规范工作。监督卡的主要内容包括：

（1）农户家庭基本情况。包括户主姓名、人口、劳力和计税土地面积、计税常年产量、计税价格、税率等。

（2）农户承担的税费和劳务。尚未免征农业税的地方，应包括农业税及附加的数额、完税期限和地点等。尚未取消农村义务工和劳动积累工的地方，应包括过渡期的农村义务工和劳动积累工的数量及村级范围内的"一事一议"筹资筹劳的数额。共同生产性费用是否纳入卡内，由省级农民负担监督管理部门本着从严掌握的原则，根据实际情况决定。以资代劳等其他项目一律不得纳入卡内。

（3）农户应享受的各种政策补贴。

（4）重点涉农税收、价格、收费公示内容。

（5）农民的权利和义务。

（6）减轻农民负担政策的主要规定。

150. 农民在自己的合法权益受到侵害时如何保护自身权益？

当农民的合法权益受到侵害时，要善于运用国家法律来加以保护。《中华人民共和国宪法》赋予公民两种权利，用来保护自己的合法权益。一种是批评建议权，在农民的合法权益受到侵害时，可以通过来信来访的途径向乡（镇）政府的有关部门反映,也可以向乡(镇)政府的上级机关——县(区)政府的信访部门或其他有关部门反映。还可以向乡(镇)人大或者县(区)人民代表大会常务委员会的信访接待部门反映。反映意见可以是书面形式,也可以是口头。对村干部有意见的,可以向村党支部反映,也可以向乡镇政府有关部门反映。对严重的侵权行为,还可以越级向上级主管部门或直接向政府领导反映。《中华人民共和国宪法》赋予的第二种权利是申诉控告权。如果对乡(镇)政府的行政处理决定不服,可以申请县(区)人民政府复议,对复议决定不服的,可以向法院起诉,通过司法手段来保护自身的合法权益。但是,农民在使用这两种权利的时候,无论是反映意见还是申诉控告,都要实事求是,有理有据,既不能捏造事实也不能诬陷他人。集体反映问题要通过正当途径,不要采取过激行动,一般可以推选代表进行,不要扰乱政府机关的办公秩序,干扰政府机关的正常工作。

后 记

中国特色社会主义进入新时代,我国社会主要矛盾已经转化为人民日益增长的美好生活需要和不平衡不充分的发展之间的矛盾。当前我国最大的发展不平衡是城乡发展不平衡,最大的发展不充分是农村发展不充分。党的十九大报告提出乡村振兴战略,要求坚持农业农村优先发展、加快推进农业农村现代化,反映了社会主要矛盾变化的要求、经济发展一般规律的要求、实现共同富裕目标的要求。要振兴乡村,必须使农业强旺、农村美丽、农民富裕,其中让农民富裕是关键。农民既是乡村振兴的主体,也是乡村振兴的受益者,必须把农民群众的积极性、主动性、创造性调动起来,投入到"产业兴旺、生态宜居、乡风文明、治理有效、生活富裕"的农业农村现代化建设中去。

小康不小康,关键看老乡。广大农民的腰包鼓起来、日子好起来,民富国强才有根基、才名副其实。农民收入是农村经济发展的"晴雨表",也是农民生活改善的"温度计"。只有促进农民持续较快增收,才能为全面建成小康社会打下坚实基础,才能为扩内需、稳增长提供强劲动力,才能缩小城乡发展差距、保持社会和谐有序。为较好地梳理农民减负增收致富相关政策与渠道,本书采用专家与读者一问一答的形式,理论联系实际,进行深入浅出的回答，观点准确、说理透彻，文字生动、事例鲜活、通俗易懂，具有较强的针对性和说服力。

对于我国这样一个典型的城乡二元结构的经济体而言，回答农民减负增收致富问题，既要从农业、农村、农民的自身情况出发，更要跳出"三农"，充分注重城乡关系乃至国际农业关系在其中的重要作用。因此，在本书编写过程中，我们根据农民减负增收致富面临的阶段性突出问题，强调健全完善政策体系，聚焦就业创业、要素流动、资源输出、农村改革，期望为农民减负增收致富提供持续动力。

在本书编写过程中，我们参考了大量文献，在此，向这些文献的作者致以诚挚的感谢！广东人民出版社的编辑们付出了大量的审阅校稿时间，在此同样向他们表示诚挚感谢！安徽农业大学经济管理学院硕士研究生章同生、姚晓露、胡文文、江龙参与梳理了相关知识要点，并核对了语句文字和标点，在此一并表示感谢！当然，书中疏误之处在所难免，敬请广大读者指正。

张贵友

2019 年 8 月